诺奖作家
给孩子的阅读课

品格修养

[印] 泰戈尔等 著 彭相珍等 译

天地出版社 | TIANDI PRESS

图书在版编目（CIP）数据

品格修养/（印）泰戈尔等著；彭相珍等译. — 成都：天地出版社，2024.3
（诺奖作家给孩子的阅读课）
ISBN 978-7-5455-8219-2

Ⅰ.①品… Ⅱ.①泰… ②彭… Ⅲ.①阅读课—中小学—教学参考资料 Ⅳ.①G634.333

中国国家版本馆CIP数据核字（2023）第257057号

NUOJIANG ZUOJIA GEI HAIZI DE YUEDU KE · PINGE XIUYANG
诺奖作家给孩子的阅读课·品格修养

出 品 人	杨　政
作　　者	［印］泰戈尔等
译　　者	彭相珍等
责任编辑	孙学良
责任校对	梁续红
插　　画	刘　洋
封面设计	纸深文化
内文排版	谢　彬
责任印制	王学锋

出版发行	天地出版社
	（成都市锦江区三色路238号 邮政编码：610023）
	（北京市方庄芳群园3区3号 邮政编码：100078）
网　　址	http://www.tiandiph.com
电子邮箱	tianditg@163.com
经　　销	新华文轩出版传媒股份有限公司

印　　刷	迪明易墨（天津）印刷有限公司
版　　次	2024年3月第1版
印　　次	2024年3月第1次印刷
开　　本	710mm×1000mm　1/16
印　　张	11
字　　数	132千字
定　　价	29.00元
书　　号	ISBN 978-7-5455-8219-2

版权所有◆违者必究

咨询电话：（028）86361282（总编室）
购书热线：（010）67693207（营销中心）

如有印装错误，请与本社联系调换。

编者的话

2012年，我国作家莫言先生获得了诺贝尔文学奖，一时间激起了国内读者阅读诺奖作家作品的热潮。诺贝尔文学奖无疑是世界最具影响力的文学奖项之一，代表着文学创作的卓越成就。一百多年来评选出了上百位得主，他们的作品在思想深度、精神内涵和语言艺术等方面均具有卓越品质。

为了让孩子能够接触到高质量的文学作品，以培养他们的文学素养，提高他们的欣赏品位和阅读品鉴能力，我们想到了为他们选编一套诺奖作家的作品集。

最初，我们很担心诺贝尔文学奖得主的作品由于思想过于深邃而让人感到艰深晦涩，但查阅了上百位诺奖得主的作品后，我们惊喜地发现，大部分诺奖作家都曾写过生趣盎然、简单易懂的作品，即便是孩子，也可以轻松理解。

于是，我们参考了教育部推荐阅读的文学篇目，精选出这套既适合孩子阅读又富有教育启发意义的丛书——诺奖作家给孩子的阅读课。

丛书共六册，分六个主题，涉及孩子成长过程中的六大重要主题。

心智成长：包括《觉醒》（高尔斯华绥）、《勇敢的船长》（吉卜林）和《论创造》（罗曼·罗兰）等作品，帮助孩子培养独立、自信、坚韧不拔等优秀品质，让他们内心充盈起来，能够勇敢面对成长过程中的各种挑战。

生命教育：包括《在异乡》（海明威）、《鹰巢》（比昂逊）和《小银和我》（希梅内斯）等作品，引导孩子意识到生命的宝贵，理解爱与关怀的重要性，珍惜生命，关爱他人，培养孩子积极的人生观。

人生智慧：包括《童年逸事》（黑塞）、《山里人家的圣诞节》（汉姆生）和《安妮与奶牛》（延森）等作品，带领孩子体验世间百态，探索生活的多样性和人生的丰富性，激发孩子对生活的热爱与思考，从而塑造积极的人生态度。

情感启蒙：包括《破裂》（泰戈尔）、《塔楼里的王子》（法朗士）和《暑假作业》（川端康成）等作品，引导孩子认识情感，理解他人的感受，学会表达自己的情感，并与他人建立良好的人际关系。

品格修养：包括《品质》（高尔斯华绥）、《皇帝和小女孩》（萧伯纳）和《艰难的时刻》（托马斯·曼）等作品，着重培养孩子的道德观念与行为准则，以及正直、善良、宽容和有责任感等美好品格，引导他们成为具有良好品格修养的人。

亲近自然：包括《白海豹》（吉卜林）、《一只狗的遗嘱》（尤金·奥尼尔）和《小野猪》（黛莱达）等作品，让孩子认识到大自然中万事万物的美妙和脆弱，培养他们关爱大自然、保护野生动植物的意识。

为了使孩子能够更好地理解和接受这些作品，我们按照阅读的

编者的话

难易程度进行了编排，让他们能够循序渐进地熟悉这些名篇佳作，逐渐爱上阅读。同时，我们为每一篇作品都增加了旁批，包括生词、知识点注释与文段语句赏析，让孩子在阅读的过程中解决障碍，积累知识，拓宽眼界，学会思考。

此外，我们还精心制作了每位作家的档案卡，涵盖作家的生平经历、获奖理由以及适合作为作文素材的佳句名言等。这些辅助内容可以帮助孩子更好地了解作家的生平和创作风格，加深对作品的把握与理解。

我们希望，通过阅读这套书，孩子不仅能感受到文学之美，还能提升阅读理解能力、语言表达能力；不仅能了解到关于生命、生活、自然、社会的有用知识，还能在品格、情感等方面获得成长。

衷心期待这套书能为孩子带来愉快的阅读体验，成为他们人生道路上的良师益友。

目 录

高尔斯华绥

品　质　　　　　　　　　　　　　　　4

萧伯纳

皇帝和小女孩　　　　　　　　　　　18

泰戈尔

小媳妇　　　　　　　　　　　　　　38
愿望的实现　　　　　　　　　　　　45
过　失　　　　　　　　　　　　　　55
艺术家　　　　　　　　　　　　　　63

皮兰德娄

坛　子　　　　　　　　　　　　　　　　76

托马斯·曼

神　童　　　　　　　　　　　　　　　　96
火车事故　　　　　　　　　　　　　　　111
艰难的时刻　　　　　　　　　　　　　　126

辛克莱·刘易斯

阿克赛尔布罗德求学记　　　　　　　　　142

品 格 修 养

○ 作家档案

中 文 名：**高尔斯华绥**

外 文 名：John Galsworthy

国　　籍：英国

出生日期：1867年8月14日

逝世日期：1933年1月31日

认识作者

　　高尔斯华绥，小说家、剧作家，英国现实主义文学的代表人物之一，和威尔斯、贝内特并称为"20世纪英国现实主义三杰"。早年因工作缘故曾游历世界各地。1893年，在一次出国考察回来的途中，他在一艘轮船上结识了当时还是轮船大副的著名作家约瑟夫·康拉德。在康拉德的影响下，他开始走上文学创作的道路。

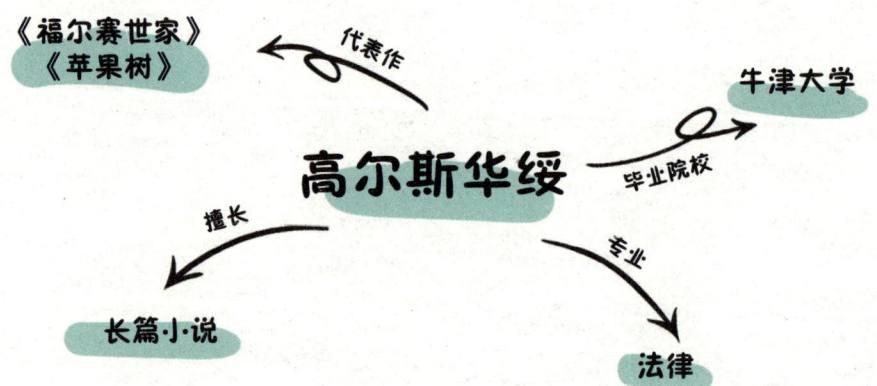

1932 年诺贝尔文学奖

获奖理由：
　　因为他卓越的叙事艺术，并使这种艺术在《福尔赛世家》中达到了高峰。

创作风格

　　高尔斯华绥深受屠格涅夫影响，善于以优美的文字表达深沉细腻的感受。他的讽刺虽不够冷峻，但是富于人情味的，嘲弄中有谅解，批判中有怜悯。他主张小说要真实地反映现实，为现实主义小说在新条件下的发展提供了范例。他说小说只是提供生活的图画和实例，要让读者自己去做出判断。他强调反映生活时要创造典型性格，不是照抄生活中的原型。

作文素材

　　这个春天确实不同于他曾经经历过的任何一个春天，因为春天是在他心里，不是在外面。《苹果树》

　　一个艺术家要抓住一幕戏，或者一个城市，或者一个人的全部特点时，总是竭力去发现那些意义深长的细节。《福尔赛世家·有产业的人》

品　质

张　明/译

> 采用第一人称描写，有助于增强故事的真实性。

我打小就认识他，因为他曾给我父亲做过靴子。他和哥哥租下两家店，打通成一间，就住在店里。店铺在一条小巷里，这条小巷现在已经衰败了，但在当时是伦敦西区最时尚的地段。

> 反映了格斯勒制靴手艺的精湛。

那家店有一种清静不张扬的特征。门面没有挂上标语说他为某某王室成员制靴，只有他自己的德文姓氏——"格斯勒兄弟"；橱窗里摆着几双靴子。我还记得我总是想不通橱窗里那几双万年不换的靴子是怎么来的，因为他只按单定制，不转售二手货，而且我也无法想象他做的靴子会因不合脚而被退回。他是特意买来摆在那里的吗？这个解释同样无法想象。他永远不会容忍自己店里放着未亲手加工的皮革制品。此外，那些靴子也太美了——一双轻便舞鞋，薄得难以言喻；一双布口的漆皮靴，让人口水直流；一双棕色的高筒马靴，闪着奇妙的乌黑光芒，虽说是新的，却仿佛已经被穿过一百年了。只有亲眼见过靴子灵魂的人才能做出那样的靴子——它们真真正正是体现了所有鞋类精神的典

高尔斯华绥

范。当然了，我是到后来才有了这些想法，尽管早在大概十四岁那年，我有幸能去找他，对他和他哥哥的高尚品质就已经隐隐约约有所了解。因为做靴子——做他做的那种靴子——无论在当时还是现在，对我来说都是件神秘而美妙的工作。

我清楚地记得，有一天，在我把幼小的脚伸给他时，羞怯地问道：

"格斯勒先生，做鞋是不是件特别困难的活儿？"

他那常带讥讽的红胡须上突然露出了微笑，回答道："这是一门手艺！"

他本人有点儿像是个皮革做的人：黄色的脸皱巴巴的，微红的头发和胡须鬈曲着，几条整齐分明的皱纹从脸颊斜到嘴角，嗓音单调，喉音有些重；因为皮革是一种干巴巴的材料，又硬挺又迟钝。这也正是他面孔的特征，只有他那双灰蓝色的眼睛透着一种纯粹的庄严，好像在痴迷于理想。兄弟俩长得很像——虽然哥哥由于勤奋在各方面都更单薄、更苍白——所以在最初的日子里，有时对话结束前我都不太确定对方到底是谁。后来我知道了，如果没有说"我去问下我兄弟"，那就是他；如果说了这句话，那就是他的哥哥。

有的人变老之后，会变得不安分，会开始赊账

✏️ "羞怯"一词，表现了"我"对做靴子这件事的敬畏，与上文"对我来说都是件神秘而美妙的工作"相呼应。

✏️ 形象的外貌描写，反映出格斯勒的性格，他是个严肃认真、不苟言笑的人。

购物，但不知为何，从来没有人在格斯勒兄弟的店里赊账。要是有人走进店里，对着蓝色铁架眼镜后的目光伸出脚，然后欠他鞋钱——比方说两双靴子的钱，还能心安理得地认为自己是他的顾客，这显然不合适。

> 自以为事情做得合乎情理而心里感到坦然。

原因在于，人们不可能经常去光顾——他的靴子耐穿得要命，里面有一种超越了当下的东西——可以说，里面缝进了靴子的本质。

人们走进店里，不会像走进大部分商店那样怀着"请为我服务，然后就放我走吧"的心情，而是像进教堂一样平和地走进来，然后坐在那张孤零零的木椅上等着——因为店里从来没人接待。很快，他或者他哥哥的脸就会从那黑黢黢的二楼楼梯口出现，向下张望。楼梯口和店里各处一样，都散发着令人心安的皮革味。一阵喉音及韧皮拖鞋走在窄木楼梯上的踢踏声之后，他就会来到顾客面前，没穿外套，微微弓着背，系着皮围裙，袖子向后卷着，眼睛眨巴——像是刚从靴子的梦中醒来，又像一只在大白天被惊醒，恼火于被打扰的猫头鹰。

> 表明了顾客对他的做靴手艺的崇拜和欣赏。

如果是我，我就会说："你好呀，格斯勒先生。你能给我做一双俄国皮靴吗？"

他会一言不发地离开我，原路退回到他来的地方，或者到店里的另一个区域去，而我则继续坐

高尔斯华绥

在木椅上休息，嗅闻着他的买卖所特有的香味。很快，他就会回来，瘦弱、青筋暴露的手里拿着一块金褐色的皮革。他会目不转睛地盯着它评论道："多么美的一块料子啊！"待到我也称赞过后，他会继续开口问："你什么时候要？"我会回答："哦！看你什么时候方便。"他会说："两周怎么样？"如果是他哥哥，就会说："我去问下我兄弟！"

　　然后我会小声说："谢谢你！再见，格斯勒先生。""再见！"他回应时目光仍会看着手中的皮革。当我走到门口时，就会听到他的韧皮拖鞋踢踏着将他送回到楼上，去做他关于靴子的梦。但是，如果我要的是一种他还没有给我做过的新样式，那么他一定会按流程办事——脱下我的靴子，久久拿在手里，用既挑剔又充满爱意的眼神看着它，仿佛是在回忆创造它之初的喜悦，在谴责别人损坏这件杰作的行径。然后，他会把我的脚放在一张纸上，用铅笔在脚边缘挠两三次痒痒，用敏感的手指来回地摸我的脚趾，亲身感受我所提的要求。

　　我永远忘不了那天，我终于有机会对他这么说："格斯勒先生，你知道吗，我上一次定做的那双城镇徒步靴有咯吱咯吱的声音。"

　　他看了我好一会儿，没有回应，好像在等着我

> 看时连眼珠都不转动。形容注意力集中。

> 表现了格斯勒做事认真，细致入微，力求尽善尽美。

收回这句话或者再补充两句好话，然后开口：

"它不应该有咯吱声呀。"

"抱歉，它确实有。"

"你在穿之前把它弄湿了？"

"我想并不是。"

听了这话，他低下头，仿佛在记忆中搜寻那双靴子。我感到我不该提起这个沉重的话题。

"把靴子送回来！"他说，"我来检查一下。"

因为我的那双咯吱作响的靴子，我心中涌起一股同情；我能想象出他在面对那双靴子时，心里的好奇和悲痛将久久不能释怀。

"有些靴子，"他说得很慢，"做出来的时候就注定是坏的。如果我不能把它修好，那我就不收你这双靴子的钱了。"

有一次，也只有那一次，我漫不经心地走进他的店里，没留神脚上穿的是以前为了应急而在某个大公司买的靴子。他接下了我的订单，但没有拿皮革给我展示，我能感觉到他的视线穿透了我脚上的劣质外皮。最后，他说：

"这双不是我做的靴子。"

他的语气没有愤怒，没有悲哀，甚至连轻蔑都没有，但其中有一种沉默的东西，能让人血液冻

✏️ 表现了格斯勒对自己的手艺相当有信心，这是他用心做成的，他相信靴子的质量。

📖 指（爱憎、悲喜、思念等感情）在心中消除（多用于否定式）。

📖 形容随随便便地对待，不放在心上。

高尔斯华绥

结。他把手往下伸，一根指头按在我左脚靴子的一处，那里为了彰显时髦做了一个装饰，穿着相当不舒服。

"这里脚会疼。"他说，"这些大公司没有一点自尊吗？"然后，好像在他体内有一道大坝崩溃似的，他气愤地说了很长一段话。那是我唯一一次听他谈到生意上的困境和艰辛。

"他们抢走了一切。"他说，"他们靠的是广告，而不是手艺。他们从我们这种热爱靴子的人手里抢走了生意。如今到了这个地步——我就快没有活儿了。生意每年都在减少，之后你就看到了。"看着他那满是皱纹的脸，我注意到了以前从未察觉的东西：艰苦的处境和艰苦的斗争——他的红胡须里怎么就突然出现了许多花白须毛！

我竭尽所能向他解释我当初买下那双不祥的靴子的来龙去脉。但他的表情和声音让我深受触动，接下来的几分钟里我订购了好几双靴子。报应来了！它们比起以往的那些靴子更加耐穿。将近两年的时间里，我都没有去找过他。

等到我再去的时候，我惊讶地发现，他店铺的两扇小橱窗中的一扇涂上了另一个人的名字，一个鞋匠的名字，然后写着——当然了——"王室用靴"。那几双熟悉的旧靴子，已失去了孤高的地

✎ 即使处境艰难，格斯勒也不太愿意在别人面前提起或抱怨自己的境况，可见格斯勒坚守自尊，不轻易向现实低头的品格。

9

> 通过描写橱窗中靴子摆放的变化，形象地表现了格斯勒店铺的境况今非昔比。

盘，被杂乱地堆在唯一剩下的橱窗里。进到里面，店铺已变成一小间，楼梯口也变窄了，比起以往光线更暗、气味更浓。连等待的时间也比平常更久了，等了很久我才看到一张面孔向下张望，接着才响起韧皮拖鞋的踢踏声。最后，他站在我面前，透过那副生锈的铁架眼镜注视着我，说道：

"你是×××先生吗？"

"啊！格斯勒先生，"我结结巴巴地说，"你的靴子真的太结实了，你知道吗！看，这些都还挺好的！"我把脚伸出去。他看了看我脚上的靴子。

"是啊，"他说，"不过看来，人们并不想要太结实的靴子。"

为了躲避他责备的目光和语调，我急忙问道："你的店怎么了？"

他平静地回答道："租金太高了。你要定做靴子吗？"

> 体现出了"我"因同情他而故意多买了一双靴子，但又不敢面对他的心理。后文所说的"参与……针对他关于靴子的理念。很难说清这是一种什么感受"做了进一步说明。

本来我只需要两双，但我订了三双，随后很快就离开了。我想，他会认为我参与了一场针对他的密谋，或许与其说是针对他，不如说是针对他关于靴子的理念。很难说清这是一种什么感受，但我想，谁也不愿意有这种感受。所以，又过了好几个月我才再次拜访他的店铺，我记得那时的我想着："哦！好吧，我离不开这个老头——所以去看看

高尔斯华绥

吧！也许见到的会是他的哥哥！"

因为我知道，以他哥哥的个性不会责备我，哪怕是在心底里。

令我松了一口气的是，见到的确实是他的哥哥，他正在处理一块皮革。

"啊，格斯勒先生，"我说，"你好吗？"

他走过来，盯着我。

"相当好，"他说得很慢，"但是我的哥哥死了。"

我这才看出是他——但是多么老态和憔悴啊！而且我以前从未听他谈起他的哥哥。在震惊之下，我喃喃道："噢！我很抱歉！"

"是啊，"他回答道，"他是个好人，他能做好靴子。但是他已经死了。"他摸了摸头顶，那里的头发突然间变得和他可怜的哥哥生前一样稀薄，我想，他是在指明死因。"他对于放弃另一间店铺的事一直想不开。你要靴子吗？"他举起手里的皮革，"这块皮革很漂亮。"

我订了几双。等待制作的时间十分漫长——但成品比以往还要优秀，基本上穿不坏。此后不久，我去了国外。

一年多后，我才再次回到伦敦。我去的第一家店铺就是我的这位老朋友的店铺。我离开时，他

✏️ 弟弟变成哥哥曾经的样子，以至"我"将他误认为哥哥。哥哥的现在就是弟弟的未来，暗示了格斯勒未来的悲惨命运。

📖 拟声词，指连续不断地小声说话的声音。

✏️ 面对窘境，哥哥因被迫放弃一间店铺抑郁而死，而弟弟则说出一句"这块皮革很漂亮"。同样的境遇，不同的心态，凸显了弟弟专注于皮靴而并不在乎其他的精神境界。

11

> 状态词。抖动摇晃的样子（多形容老年人或病人的动作或声音）。

六十多岁；回来时，他像是一个七十五岁的老人，憔悴、疲惫、颤巍巍，这次他真的没有第一眼认出我来。

"啊！格斯勒先生，"我说着，心里很难过，"你的靴子真是太出色了！你看，这双靴子我出国期间几乎一直穿着，现在连一半都没穿坏，是不是？"

他久久地看着我的靴子——一双俄国皮靴，他的神色似乎又恢复了镇定。他把手放在我的靴面上，说道：

"这个地方合脚吗？我记得这双靴子做起来很费劲。"

我向他保证，这双靴子舒适又美观。

"你要定做靴子吗？"他说，"我很快就能做好。现在我很清闲。"

我回答说："劳烦，劳烦了！我要所有的靴子——每一种式样！"

"我要新做一个模子。你的脚肯定变大了。"他极其缓慢地描下了我的脚型，摸了摸我的脚趾，只有一次抬起头来说道：

"我告诉过你我哥哥死了吗？"

他变得非常衰弱，让人看着难受。我情愿离去。

高尔斯华绥

在我差不多不再指望这些靴子还能做出来时，一天晚上它们送到了。我打开包裹，把四双靴子排成一排，然后一双一双地试穿。毋庸置疑，无论是形状还是舒适度，无论是做工还是皮革质量，这些靴子都是他给我做过的最好的靴子。我在城镇徒步靴的靴口里找到了账单。

金额和往常没什么不同，但我还是大为震惊。因为他以前从来都是等到季度结算日才把账单寄过来。我飞奔下楼，填好一张支票，立即亲手寄了出去。

一周后，经过那条小巷时，我想我应该进去告诉他新靴子是多么出类拔萃地合脚。但是，当我来到他的店铺位置时，发现他的姓氏不见了。橱窗里仍旧摆着一双纤薄的轻便舞鞋，一双布口的漆皮靴，一双乌黑的马靴。

我走了进去，心中极为忐忑。在那两间店的门面里——现在又合为了一家店——站着一个本地面孔的年轻人。

"格斯勒先生在吗？"我问道。

他用逢迎讨好又奇怪诧异的眼神看着我。

"他不在，先生，"他说，"不在。但是任何事我们都乐意为您效劳。我们已经盘下了这家店。毫无疑问，您之前已经在隔壁见过我们的名号了。

> 形容才德超出同类。

> 依然陈列着过去的东西，可以说是对格斯勒的一份纪念，对新店铺来说也是一种广告。

> 指心神不定。

13

我们为上流人士服务。"

"是的，是的，"我说，"可是格斯勒先生呢？"

"啊！"他回答道，"死了。"

"死了！但上周三我才收到他给我寄的靴子。"

"啊！"他说，"真奇怪。那可怜的老头子是自己饿死的。"

"我的天啊！"

"慢性饥饿，医生是这么说的！您瞧，他干这行的方式可不一般！他要让店铺开下去，除了他自己谁也不许碰他的靴子。他接到订单后，会花很长时间制作。人们可等不了。他失去了所有生意。他就坐在那儿，只管一意孤行。我要替他说句话，在伦敦，没有谁做的靴子比他的更好！但是瞧瞧市场竞争吧！他从不打广告！他还想要最好的皮革，并且全部自己经手。好啦，你瞧见最后成什么样了。以他的理念，你能指望什么呢？"

"但是饿死——"

"这个说法可能有点耸人听闻，就像人们常说的那样——但是我知道，他没日没夜地坐在那里做靴子，直到最后一刻。你瞧，我以前常常观察他。他从不给自己安排吃饭的时间。家里没存一分钱，

✏️ "逢迎讨好""任何事我们都乐意为您效劳""为上流人士服务"等神态、语言描写，凸显出了年轻人的浮夸、奉承，以及为了利益可以丧失自我的价值观。

✏️ "奇怪"，既指年轻人奇怪会有人自己把自己饿死，也显示出了社会上的人们对格斯勒坚守品质的不理解。

✏️ 年轻人既是格斯勒的竞争者，也是格斯勒境况的知情人，作者借年轻人之口道出了格斯勒不幸命运的根源。

高尔斯华绥

钱全部都花在租金和皮革上了。我不知道他是怎么活到这么大岁数的。他家的炉火经常熄灭。他是个怪人。但他能做出好靴子。"

> 再次点明了格斯勒的行为与众不同，他的品质无法为当时的社会所理解。

"是的，"我说，"他能做出好靴子。"

我匆忙转身离开，因为我不想让那年轻人察觉到我的眼里起了雾。

阅读小助手

这篇小说主要讲述了手艺精湛的制鞋匠格斯勒不愿放弃自己对于靴子品质的坚持，在与大公司的竞争中，店铺经营逐渐走入窘境，最终饿死的故事。

小说写于1911年，当时的英国，资本主义经济已经发展到了一定程度，现代机器大生产几乎完全取代了原始的手工业生产。行业竞争日益激烈，为了招揽顾客，抢占市场，一些公司将重点放在产品宣传上，不再重视产品真正的质量。

制鞋匠格斯勒就生活在这样的环境之下，靠着做定制靴子维持生计。作为生意人的他，本可以像其他经营者一样，打出充满噱头的广告，借助机器更快更多地制作靴子，赚个盆满钵满，但他宁愿饿死，也不降低靴子的品质，在浮躁的世界里依然坚守着自己对于靴子的理念，这种品质非常难得，值得人们尊敬与学习。

○ 作家档案

中 文 名：**萧伯纳**

外 文 名：George Bernard Shaw

国　　籍：爱尔兰

出生日期：1856年7月26日

逝世日期：1950年11月2日

认识作者

　　萧伯纳，剧作家、小说家。生于都柏林。1876年移居英国伦敦，从事新闻工作。1879年起开始文学活动。一生共写剧本五十多部、小说五部和其他著作多种。他博学多才，研究过众多哲学思想，主张写社会问题，反对"为艺术而艺术"。成名后，萧伯纳并未迷失自我，仍对社会进行敏锐观察。

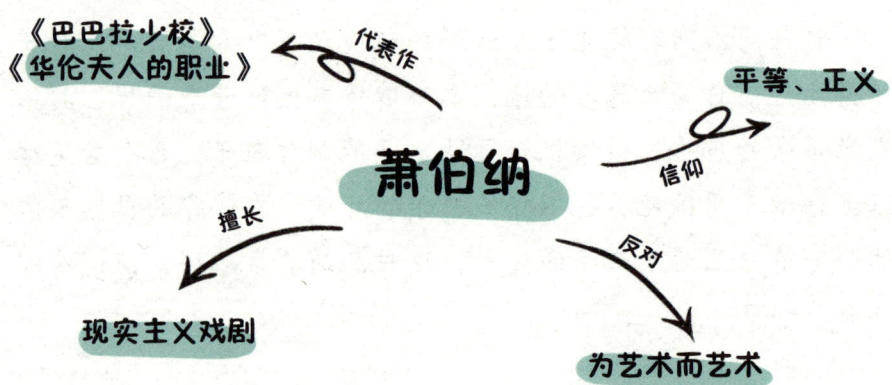

1925年诺贝尔文学奖

获奖理由：
　　由于他那些充满理想主义及人情味的作品——它们那种激动性讽刺，常涵蕴着一种高度的诗意美。

创作风格

　　萧伯纳以他独特的幽默和讽刺风格而闻名。他的作品常常批判社会不公和阶级差距，并善于通过生动的人物形象和精彩的对话展示观点和冲突，引发读者思考。萧伯纳喜欢挑战传统观念，探索新的思想和解决方案，提倡进步和变革，作品中经常体现其对社会不平等和性别角色的关注。

作文素材

　　在以偶然的方式挣扎着走过生活的不真实部分时，我并不是自始至终都能无愧于我的理想。《华伦夫人的职业》

　　一个人如果不到最高峰，他就没有片刻的安宁，他也就不会感到生命的恬静的光荣。《康蒂姐》

　　脚跟立定以后，你必须拿你的力量和技能，自己奋斗。《圣女贞德》

皇帝和小女孩

张 明/译

> 开篇通过环境描写，制造出恐怖、紧张的氛围。

那是一个会让你的神经感到紧张的夜晚，你会觉得阴影里好像有人，甚至是幽灵，因为天上的那轮月亮总不停地在云层里进进出出，大地忽明忽暗。许多云朵在天空中纷飞，有些白得透明，可以看到后面的月亮，有的则像是棕色的羽毛，把月亮挡得晦暗不清，还有一些大黑云，要是月亮被它们协力抓住，就会完全黑掉。这样的夜晚会让有些人

> 形容提心吊胆，又惊又怕的样子。

担惊受怕，他们会躲在明亮又温暖的屋内，还要有人做伴，黑夜则被窗帘挡在外面。但也有一些人坐不住，他们想出去四处溜达，看看月亮。他们喜欢黑暗，因为他们可以想象，在那看不见的地方有着各种各样的东西，他们幻想着奇妙的人物会从黑暗中走出，与他们一起展开奇妙的历险。

> 这指的是第一次世界大战：1914～1918年帝国主义国家为了重新瓜分殖民地和争夺世界霸权而进行的第一次世界规模的战争。参战的一方是德国、奥匈帝国等，称为同盟国；另一方是英、法、俄、美等，称为协约国。最后同盟国失败。

单说这一晚，到外面的黑暗中活动远不如那天下午到太阳光下活动危险，因为这里是英国人和法国人联合起来抗击德国人的地方。大白天的时候，大家都得躲在战壕里。只要他们有片刻露头——砰！他们中枪了。有些地方挂着帘幕，阻止你穿越

萧伯纳

某些区域，只不过这些帘幕与窗帘不同，实际上它们是炸弹，是雨点般落下的炸弹，炸弹在地上炸出巨大的深坑，把人、牲口和树木都炸得粉碎。所以它们被叫作火力帘幕。夜里没有火力帘幕。而那些子弹上膛通宵警戒的士兵也没那么容易看清你。尽管如此，这样的危险程度也足以让你把幽灵和强盗忘在一边。你会不由自主地想到炸弹枪炮，想到中枪仍倒在原地的死者和伤者。所以也无怪乎没人在外边溜达、欣赏月光和焰火，因为这里真的有焰火。时不时地，执勤警戒的士兵就会朝空中射出一种弹药，像一颗明亮的星星从天而降，把地面上视野范围内的所有人和物体照得清清楚楚。每当这时，所有潜行出来侦察敌情的人、搜寻伤员的人和在战壕上架设铁丝网防御工事的人，全都会趴在地上装死，直到星星熄灭。

　　十一点半刚过不久，在一个没有人潜行、照明弹全都离得太远照不清地面的地方，有一个行为奇怪的人在暗中行走。他不是在搜寻伤员，不是在侦察，不是在做士兵所做的一切事。他只是四处闲逛，走走停停，但从来没有弯腰捡过什么东西。有时候照明弹飞得很近，可以很清楚地看到他，这时他就停下来，站得笔挺，双臂交叉。当四周重返黑暗，他又古怪地迈着大步继续往前走，像一个趾高

✏️ 运用比喻手法，将密密麻麻、铺天盖地的炸弹袭来的景象比作帘幕，生动地表现出了战场火力的密集。

✏️ 运用比喻手法，形象地说明了照明弹的状貌和用途。

19

> 前文提到，这里是英法联军抗击德国军队的地方。将挑起战端的德国皇帝描写得如此趾高气扬，充满了嘲讽意味。

> 形容恭敬小心，一点不敢疏忽懈怠。

> 明明是他的决策造成了这种惨烈场面，他却在看到各国士兵的尸体时，下意识推脱。这段描写充满讽刺，表达了作者对于战争的厌恶。

气扬的人。然而，他不得不慢一点走，看清楚脚下的路，因为地上到处都被炸弹炸得坑坑洼洼，此外他还可能会绊倒在士兵的尸体上。他之所以显得如此趾高气扬，是因为他是德国皇帝。如果他处于你和月亮或照明弹之间的某个角度上，你就能看到他翘起的胡子末端，跟你从照片上看到的一样。但大多数时候你根本看不见他，因为天上布满了云，大部分照明弹也都离得很远，除非你挨得很近，否则你别想看清任何东西。

天太黑了，皇帝虽然小心翼翼地走着，但还是绊了一跤，掉进了一个大坑里——就是学名叫作弹坑的那种坑，是被一颗地雷炸出来的。他差点头冲下落到坑底，但幸好抓住了一个东西。他以为那是一丛草，但不是，那是一个法国人的胡须，并且是个死了的法国人。这时月亮出来了，虽然只有一会儿，但皇帝看见许多士兵，有法国人，也有德国人，都被那颗雷炸飞了，躺在弹坑里。他觉得他们都在盯着他看。

皇帝吓了一大跳。他想都没想就朝死者说了一句德语："Ich habe es nicht gewollt."意思是"我本不想这么做"或者"这不是我本意"，有时候也有这样的意思，"这不是我干的"——总之就是因做错事而被责骂时会说的话。然后他爬出了坑，换了

萧伯纳

个方向走去。可是他的心里感觉不是滋味，他只走了一小段路就坐下了。当然，如果他愿意，他还可以起身继续走，不过路中间正好有一个弹药箱，坐在上面太方便了，所以他想休息一下，直到感觉好些为止。

接下来发生的事情非常出人意料。从黑暗中走出一个棕色的东西。要不是它发出叮当声和吱吱声，夹杂着脚步声，他还以为是狗呢。当它走近时，他看到那是一个小女孩，这么小的孩子不应该在半夜差一刻十二点还没睡觉呀。那叮当声和吱吱声是她拿着的锡罐发出的。她在哭，声音不大，只是在呜咽。当她看见皇帝的时候，她没有半点的害怕或惊讶，只是使劲吸了下鼻子，抽泣了一下，停止了哭泣，说道："对不起，我没有水了。"

✏️ 设置悬念，引发人们的好奇心。为如此惨烈、恐怖的地方，竟出现一个天真无邪的小女孩做了铺垫。

"真不巧！"皇帝说，他很习惯和孩子交谈，"你非常渴吗？你瞧，我这里有个瓶子，但恐怕这里面的饮料对你而言太烈了。"

"我不想喝。"小女孩惊讶地说，"你也不想喝吗？你没有受伤吗？"

"没有。"皇帝说，"你为什么哭呀？"

小女孩几乎又要哭了。"士兵们对我很不好，"她说着，走到皇帝面前，靠在他的膝盖上，"有四个士兵在那边的一个弹坑里。一个汤米，一个艾里，还有两个博赫。"

✏️ 汤米、艾里和博赫，分别是英国兵、法国兵和德国兵的俚称。这里是英法联军抗击德国军队的地方。但在这个弹坑里，却既有英国士兵、法国士兵，也有德国士兵。可见在战争中，无论是进攻者，还是防御者，都是受害者，战争面前没有赢家。

21

"你不能管德国士兵叫博赫。"皇帝严厉地说道,"这是非常非常不对的。"

"不,"小女孩说,"我向你保证,这是完全正确的。英国士兵叫汤米,法国士兵叫艾里,德国士兵叫博赫。我妈妈就这样叫他们。每个人都是这样叫的。其中一个博赫戴着眼镜,像个大学老师。另一个已经躺了两个晚上了。他们谁都走不动。他们很坏。我给他们水喝,起初他们感谢我,并祷告祈求上帝保佑我,除了那个大学老师。接着,一颗炮弹飞了过来,虽然落得离那儿很远,他们还是轰我走,说如果我不马上回家,就会有熊从树林里跑出来吃掉我,爸爸还会用皮带抽我。大学老师大声嚷着,他们太多愁善感了,让他们不用考虑我,但他也悄悄让我赶快回家。我可以和你待在一起吗?我知道我父亲不会打我,但是我害怕熊。"

"你可以和我一起,"皇帝说,"我不会让熊碰你的。其实,根本没有熊。"

"你能肯定吗?"小女孩说,"汤米说有。他说那是一只超大的熊,被它吃下去的小孩会在它的肚子里被煮熟。"

"英国人从来不讲真话。"皇帝说。

"一开始他人很好。"小女孩说着又哭了起来,"如果他不相信有熊,他是不会这么说的,除

✏️ 虽然立场不同,但不管是英国人、法国人,还是德国人,在炸弹飞过来时,都劝小女孩赶快离开,甚至为此编了谎话,显示了他们善良的本性。

萧伯纳

非他的伤口疼得让他想到了熊一类的东西。"

"别哭了。"皇帝说，"他不是有意对你不好。他们都怕你像他们一样受伤，所以想让你快点回家远离危险。"

"噢，我对炮弹都习惯了。"小女孩说，"我夜里出去给受伤的人喂水，我爸爸就是因为没人管，在外面躺了五个晚上，口渴得要命。"

"Ich habe es nicht gewollt."皇帝说，他的心里又一阵难受。

"你是一个博赫吗？"小女孩问，因为皇帝此前都是用法语和她交谈，"你的法语说得很好。但我觉得你更像英国人。"

"我有一半的英国血统。"皇帝说。

"真有意思。"小女孩说，"你必须非常小心，因为两边都会朝你开枪。"

皇帝古怪地笑了一下。月亮出来了，小女孩能更清楚地看到他。"你的披风真漂亮，你的制服也很整洁。"她说，"当照明弹升起的时候，就得卧倒在泥土里，你是怎么保持这么干净的呢？"

"我不卧倒。我站着。所以我能保持制服干净。"皇帝说。

"但是你不能站起来。"小女孩说，"如果被他们看到，就会向我们开火。"

小说中的德国皇帝指的是第一次世界大战的主要策划者威廉二世，他的母亲维多利亚公主是英国维多利亚女王的女儿。

23

诺奖作家给孩子的阅读课·品格修养

"那好吧。"皇帝说,"我们在一起的时候,我会为了你卧倒的。但现在你必须让我送你回家。你的家在哪里?"

小女孩笑起来。"我们没有家了。"她说,"起初,德国人轰炸了我们的村庄。村庄被德国人占领了,接着法国人就开始轰炸它。后来英国人来了,炸走了德国人。现在三个国家都在轰炸它。我们家的房子被打中了七次,牛棚被打中了十九次。你想想看,连那头牛都没被炸死。我爸爸说我们的牛棚花了两万五千法郎才攻下来。他为此还非常自豪。"

> 因为战争,一家人失去了家园,居无定所,但小女孩的爸爸并没有在女儿面前悲伤、抱怨。他的玩笑既是对女儿童真的守护,又是对战争的嘲讽。

"Ich habe es nicht gewollt。"皇帝说着,整个人都很难过。当他感觉好些时,他说道:"那你现在住在哪里?"

"任何能住人的地方。"女孩说,"哦,这很简单的,很快你就习惯了。你是做什么的?你是担架兵吗?"

"不,我的孩子。"皇帝说,"我是他们所称的德国皇帝。"

"我没听说过有两个德国皇帝啊。"小女孩说。

> 1864~1870年,普鲁士王国先后通过普丹战争、普奥战争、普法战争,完成德意志统一。1871年,普鲁士国王威廉一世加冕为德意志皇帝,帝国诞生。这个帝国先后有三位皇帝:第一任威廉一世、第二任弗里德里希三世、第三任威廉二世。

"有三个。"皇帝说。

"他们都得有往上翘的胡子尖吗?"小女

24

萧伯纳

孩说。

"不。"皇帝说,"如果他们的胡子翘不起来,他们可以蓄山羊胡。"

"他们应该把胡子用纸卷起来,就像我在复活节把头发卷起来一样。"小女孩说,"德国皇帝是干什么的呢?他是打仗呢,还是去救伤员?"

"他并不真正做什么。"皇帝说,"他只是思考。"

"他思考些什么?"女孩说。她像所有的小孩子一样,对别人的事情知道得很少,所以遇到人就会问上一大堆问题。有时大人叫她不要太过分打听别人,她妈妈总是说"不向别人提问,别人就不会对你撒谎"。

"如果德国皇帝说出来了,那就不是思考了,不是吗?"皇帝说,"那就成了说话。"

"当德国皇帝一定很有趣。"小女孩说,"但不管怎样,你既然没有受伤,这么晚了还到这儿来做什么呢?"

"如果我告诉你,你能保证不告诉任何人吗?"皇帝说,"这是个秘密。"

"我绝对向你保证。"女孩说,"请一定要告诉我。我爱听秘密。"

"既然这样,"皇帝说,"今天早晨,我不

✏️ 侧面反映出小女孩的生存环境,周围不是士兵,就是救治伤员的医护人员,说明了战争的残酷。

25

得不告诉我的士兵们说,我很抱歉不能像他们那样走进战壕,在炮火中战斗。原因是,我必须为了他们努力思考。如果我死了,他们就不知道该怎么办了,他们就会打败仗,会被杀死。"

"你真是太调皮了,"小女孩说,"因为并不是那样的,你知道的,对不对?我哥哥死的时候,另一个人马上顶替了他的位置,战斗继续,就好像什么都没发生过。我想他们也许会停战一分钟,但他们没有。如果你死了,不会有人顶替你的位置吗?"

"有的。"皇帝说,"我儿子会。"

"那你为什么要在这种事上哄他们呢?"小女孩说。

"我不得不这样。"皇帝说,"这就是德国皇帝的作用,能有个人站起来说一些自己和别人都不相信的话。今天我从一些人的表情上看出来,他们不相信我,认为我是个懦夫,在为自己找借口。所以,到了晚上,我就上床假装睡着了。但等他们都走了以后,我就站起来,一个人偷偷跑到这里,来证明我并不是个胆小鬼。这就是为什么照明弹亮起时我会站着。"

"为什么不在白天出来呢?"小女孩说,"那才是真正危险的时候。"

> 再一次说明战争的残酷,在战争中,生命如草芥。

萧伯纳

"他们不会放我走的。"皇帝说。

"可怜的德国皇帝！"小女孩说，"我真为你难过。我希望你不要受伤。如果受伤了，我会给你送水。"

听到她这么说，皇帝特别喜欢她，于是吻了她一下，然后站起身，牵着她的手，想去一个安全的地方。她也特别喜欢他，暂时没有去想别的事情。正因为如此，他们俩谁也没有注意到一颗照明弹刚刚在他们头顶上亮了，在它的照耀下，就算隔着那么远也能看清皇帝高大的身影，尽管那个女孩，一个穿着肮脏的棕色衣服，说实话脸也不太干净的小家伙，从这个距离望去，只像是一堆蚁丘。

下一刻，传来一阵可怕的声音，是一枚炮弹朝着他们飞来的声音，速度快得把出膛时的隆隆炮声都甩在了身后。皇帝连忙转身去看，就在这时，另外两颗照明弹出现了，另一颗炮弹从很远的地方向他们飞来。这一颗可真大。皇帝看到它破空而来，像一头发狂的大象，发出火车在隧道里行驶的声音。第一颗炮弹在不远处炸开，声音震耳欲聋，就像是在皇帝的耳边炸开似的。与此同时，第二颗炮弹正以可怕的速度疾驰而来。

皇帝扑倒在地，双手抓着泥土，想把自己埋起来避开危险。这时他想起了小女孩，想到她可能被

✏️ 无论是皇帝还是士兵，小女孩都对他们怀有同样的怜悯，表现出了小女孩天使般纯洁无瑕的心灵。

✏️ 运用了两个比喻，一是将炸弹比作发狂的大象，二是将炸弹破空而来的声音比作火车在隧道里行驶的声音，既凸显了炸弹的庞大，也反映了炸弹飞行的速度之快，将炸弹给地面上人们的压迫感描写得淋漓尽致。

炸得粉碎，一下忘了自己的处境，想要跳起身来，扑到她身上掩护她。

但是思想的速度比行动快得多，而炮弹几乎和思想一样快。皇帝的手指还没有从泥土里出来，腿还没有弯，就听见一阵惊天动地的响声。皇帝从来没有听到过这么可怕的声音，虽然他已经习惯了远处的炮声。那不是"砰"的一声，也不是一声巨吼或撞击声，而是一种恐怖的、震耳欲聋的、巨大的、轰隆轰隆的地震声，像是世界末日来临一样。有整整一分钟，皇帝真以为自己的五脏六腑都被炸出来了，因为有时候炮弹其实没有打中人，却还是能把人炸开花。当他站起身来时，他分不清自己是用头站着还是用脚站着，实际上都不是，因为他又摔倒了好几次。当他终于靠着什么东西成功站稳脚跟时，他发现那是一棵树，在炮弹来袭时它离他还很远呢。所以他才知道他是被炸飞了过来。他问自己的第一件事就是："孩子在哪里？"

"在这儿。"他头顶的树上有个声音说道。那是小女孩的声音。

"Gott sei dank！"皇帝松了一口气。这是德语里的"谢天谢地"。"你伤着了吗，我的孩子？我还以为你被炸成碎片了。"

"我是被炸成碎片了。"小女孩的声音说道，

把耳朵震得快要聋了。形容声音极大。

除了炸弹的炸药所造成的伤亡，炸弹在爆炸时产生的冲击波也是造成伤亡的主要因素之一。

萧伯纳

"被炸成两千零三十七个微小的碎片。炮弹正好落在我的腿上。残留的最大的碎片是我的小脚趾，就在有半里路远的那边。我的一片拇指指甲落在了半里路远的另外一边。四根睫毛落在了躺着四个死人的坑里，每人一根。我的一颗门牙嵌在了你头盔的带子上。但我并不奇怪，因为那颗牙早就快掉了。我其余的部分都被烧成灰烬，飞到空中了。"

"Ich habe es nicht gewollt."皇帝的声音让任何听到的人都会可怜他。可是小女孩一点也不可怜他，只是说道：

"哦，现在谁会在意是不是你的错呢？当我看到你穿着漂亮的制服扑倒在地时，我真的笑起来了。我笑得太厉害了，没有感觉到炮弹，尽管它肯定狠狠地撞了我一下。你现在的样子也很好玩，你抓着那棵树晃来晃去，就像爷爷喝醉了酒一样。"

皇帝听见了她的笑声。但出乎他意料的是，他还听到其他人的笑声，有点像是个声音沙哑的男人的笑声。

"还有谁在笑？"他说，"有人跟你在一起吗？"

"哦，很多很多。"小女孩的声音说道，"坑里的四个人现在都在这儿。第一颗炮弹就把他们解放了，他们自由了。"

> 这句话，德国皇帝先后说了四次，一次比一次感情真挚。在尸横遍野的战场上，哪怕是残暴的君王，人的本性也会被唤醒。

> 战争面前，人人都是平等的，哪怕是尊贵的皇帝，也是会恐惧、会受伤的普通人。

"Du hast es nicht gewollt，是吗，威廉？"其中一个粗哑的声音说。然后所有的声音都笑了起来。听到一个普通士兵称呼皇帝的昵称，是很有意思的事。

"当初是你们让我相信，这尊位是我应得的，必须接受，现在你们不能践踏这种尊严。"皇帝说，"我不是自己要成为德国皇帝的。是你们把我推到这个位置的，剥夺了我作为一个普通人的平等和清白做人的权利。我现在命令你们，把我当成你们造出的偶像来对待，而不是把我当作上帝造出的一个凡人。"

"跟他们说没用。"小女孩的声音说，"他们都飞走了。他们对你没有那么在意了，不会听你讲的。只剩下我和戴眼镜的博赫了。"

树上传来一个男人的声音。"我没有跟他们一起走，因为我不想和士兵打交道。"这个声音说，"他们知道因为我编了些关于你祖父的谎言，你才让我当上教授的。"

"蠢货。"皇帝粗鲁地说，"那你有没有告诉他们你自己祖父的真实情况？"

没有回答。片刻沉默过后，小女孩的声音说："他也走了。我不相信他的祖父比起你的或我的祖父能好到哪里去。我想我也得走了。我很抱歉，因

✎ 意为"你本不想这么做"，这里是用德国皇帝的口头禅来调侃他，增加了讽刺意味。

✎ 教授是因为篡改了关于威廉一世的历史记载，才得到了这个职位。此处批判了当时社会的腐败问题，揭露了历史的虚假。

萧伯纳

为我被炮弹赋予自由之前，我很喜欢你。但是现在，不知道为什么，你似乎不重要了。"

"我的孩子，"皇帝说，她想要离开他，他的心里满是悲伤，"我和以前一样重要。"

"是的，"小女孩的声音说，"但对我来说你不重要。你瞧，我从来都不在意你，除了我傻到以为你会杀了我的时候。我以为这会很痛，而不是让我自由。<u>现在我真的自由了，这比挨饿、受冻、恐惧好多了</u>，你一点也不重要了。所以再见了。"

🖉 死亡才是解脱，才是自由。凸显了在战乱之中，人们生活的悲惨，以至于人们感到生不如死。

"等一下。"皇帝乞求说，"不用那么着急，我一个人很孤独。"

"你为什么不让你的士兵用大炮向你开火呢，就像对我那样？"小女孩的声音说，"这样你就自由了，你想飞去哪里我们就可以一起飞去哪里。不然的话，我没有办法和你在一起。"

"我不能。"皇帝说。

"为什么不能？"小女孩的声音说。

"因为这样太不同寻常。"皇帝说，"皇帝如果做了什么不寻常的事，那他就完了，因为他必须代表着寻常状态，否则他什么都不是。"

"这个词好长，我以前从来没有听过。"小女孩的声音说，"它的意思是，一块泥巴无论怎么努力都无法脱离大地吗？"

"是的,"皇帝说,"就是那个意思。"

"那么我们必须等待,直到某个汤米或艾里用一颗大炮弹把你挖出来。"小女孩的声音说道,"别灰心,我想如果你在光线下站着,他们很可能会这样做的。现在我要和你吻别了,因为在我自由之前,你非常友善地吻过我。但恐怕你现在感觉不到我的吻了。"

她说得很对。皇帝尽他所能去感受,却什么也感觉不到。更让他心急的是他看到了一样东西。当她说要吻他的时候,他把脸转向了声音发出的地方,这时他看见从树上飞下来一个长着翅膀、娇小可爱、通身玫瑰色的小女孩,她的身上很干净,赤身裸体却一点也不在乎。她搂着他的脖子,吻了一下,然后飞走了。他看得相当清楚,这真是太奇怪了,因为天上只有暗淡的月光,她应该被照成灰色或白色,像一只猫头鹰,而不是好看的玫瑰色。和她分离使他感到一阵强烈的痛楚,但这一切都被几个突然对他说话的人给破坏了。他未曾注意到他们的出现。这些人是他的两个军官,他们毕恭毕敬地问他有没有被炮弹伤到。他们刚开口说话,小天使就消失了。是他们把她驱走了,他非常生气,一分钟都没有说话,随后只是粗暴地问他们回"监牢"的路。两个军官并不懂他的意思,像看疯子一样盯

✏️ 小女孩变成一个可爱的小天使,通身玫瑰色,象征着爱与温暖,小天使的离去,暗指德国皇帝幻想中的爱与温暖的消失。

✏️ 两个军官的出现,让德国皇帝从幻想回到现实,心里的落差让他恼羞成怒。

✏️ "监牢"一词用得极好,被权力欲束缚着的人正如同在一座监牢中。

萧伯纳

着他,他又问了一遍回营房怎么走,意思是指他的帐篷。

他们给他指了路,他就昂首阔步走在他们前面,一直走回去。一路上所有的哨兵都盘问他,并在得到军官们的回复后向他敬礼。他简单地道了声晚安,正准备上床休息时,其中一个军官胆怯地问他,他们是否应该把刚才发生的事情上报。皇帝只说了一句"你们真是一对×××傻瓜","×××"是最恶毒的咒骂。

他们面面相觑,其中一个说道:"陛下醉得像是×××。"这"×××"也是一句缺德的咒骂。幸而皇帝正在想着那个小女孩,没有听到军官说的话。但这实在并不重要,因为所有的士兵都说脏话,却并不是在表达什么。

📖 你看我,我看你,都不知如何是好。

> **阅读小助手**

　　这篇小说主要讲述了在第一次世界大战炮弹横飞的战场上，德国皇帝威廉二世夜间在战场上闲逛时，遇到一个无家可归的小女孩，两人展开一番对话，最后小女孩被炸弹炸死的故事。

　　小说写于1916年，是作者萧伯纳专为比利时一家战时儿童慈善机构所写，那时正是第一次世界大战期间。萧伯纳通过一连串的环境、对话、情节描写，将战争的残酷、人民的痛苦，真实且细腻地表现出来。反映出作者对战争的厌恶，对战争策划者的讽刺，对无辜民众的同情。

　　故事中的小女孩，家园被摧毁，生活被破坏，但依然没有放弃积极生活的希望；面对摧毁他们家园的士兵，依然能够以德报怨地给予他们帮助。她是爱与温暖的化身，因为爱与温暖，世界才充满色彩。

　　战争面前，没有赢家，每个人都是受害者。愿这世界永无战争。

○ 作家档案

中文名：泰戈尔
外文名：Rabindranath Tagore
国　籍：印度
出生日期：1861年5月7日
逝世日期：1941年8月7日

认识作者

泰戈尔，著名诗人、作家、艺术家、社会活动家。他生于印度加尔各答一个富有的贵族家庭，十三岁的时候就能够创作长诗。青年时代，前往英国学习法律和音乐，但没有完成学业，1880年回到印度，专门从事文学创作活动。

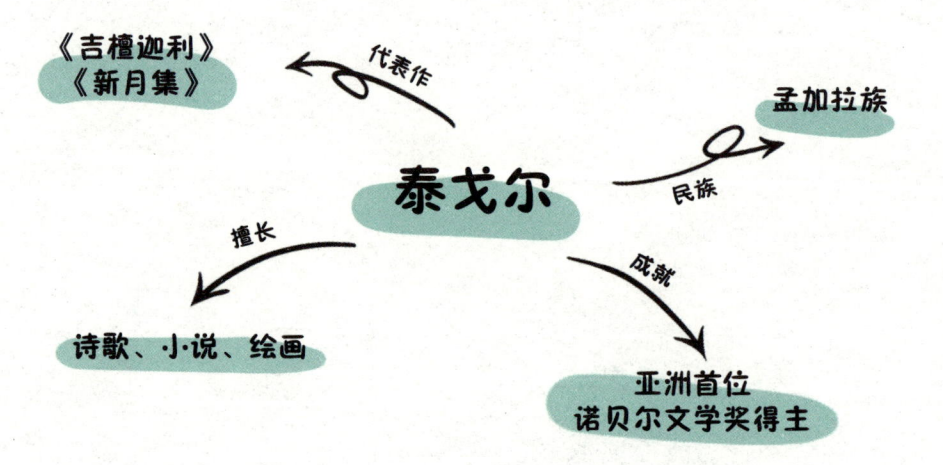

- 代表作：《吉檀迦利》《新月集》
- 民族：孟加拉族
- 擅长：诗歌、小说、绘画
- 成就：亚洲首位诺贝尔文学奖得主

1913 年诺贝尔文学奖

获奖理由：

　　由于他那至为敏锐、清新与优美的诗，这诗出于高超的技巧，并由于他自己用英文表达出来，他那充满诗意的思想业已成为西方文学的一部分。

创作风格

　　在人们的印象中，泰戈尔有伟大的"歌手与哲人"的双重身份。泰戈尔的诗歌题材丰富多彩，清新隽永；小说格调新颖，感染力强；戏剧种类繁多，富于哲理意味；歌曲或哀婉缠绵，或威武雄壮，不拘一格。

作文素材

　　人是一个初生的孩子，他的力量，就是生长的力量。《飞鸟集》

　　世界以痛吻我，我却报之以歌。《飞鸟集》

　　人生的意义不在于留下什么，只要你经历过，就是最大的美好，这不是无能，而是一种超然。《流萤集》

小媳妇

彭相珍/译

> 开篇，刻画了一个严谨、干练的教师形象。

> 形容惊恐万状，不知如何是好。

> 孟加拉族主要分布在西孟加拉邦、比哈尔邦和奥里萨邦等，说孟加拉语，大多数人信奉印度教。

> 均为印度教中的神。

我们初三时候的老师叫希班纳斯，他总是把胡子刮得干干净净，把头发剪得紧贴头皮，只在后脑勺留着一条小辫子。一看到他，调皮的男孩子们都吓得魂飞魄散。在动物界里，蜇人的生物通常不会再咬人，但希班纳斯不一样，他不仅会动手打人，嘴巴也不饶人。他的巴掌和拳头，就像摧残幼苗的冰雹一般，落在学生们身上，而他的辱骂，往往令学生们恨不得找个地缝钻进去。

他总是抱怨说，现在的师生关系不如从前了，以前的学生总是把老师看得比天神还尊贵。说完这话，他就像一个被怠慢的神灵一般发出雷鸣般的咆哮，一股脑地将怒火倾泻到我们头上。他的怒吼中夹杂着太多恶毒的咒骂，没人会将其当成神灵发出的正义雷电。再加上他那副普普通通的孟加拉族人的模样，极大地削弱了这种怒吼的威慑力。所以，不会有人把这个三年级二班的老师，当成是可以比肩因陀罗、旃陀罗、伐楼拿和战神韦驮的神灵。硬要说他像什么神灵，只能是死亡之神阎摩了。这么

泰戈尔

多年过去后，我们终于敢坦承自己当时内心的真实想法，我们曾无数次地期望他能够去见阎摩。显然，当一个人把自己当成无所不能的神，这世上就没有比他更恶毒的神灵了。毕竟，高高在上的天神们不会欺压凡人，如果我们摘取鲜花供奉，他们会非常高兴，而如果我们没有献花，他们也不会强求。但人神可不一样，但凡我们有一点点做得不到位，他们就会瞪着一双充血通红的眼睛，怒气冲冲地过来找碴，看起来一点儿都不像怜悯众生的神灵。

我们的老师希班纳斯有一种专门用来折磨男孩们的武器，听起来可能无伤大雅，实际上却非常伤人。他的武器就是给人起别名，也就是外号。虽说名字不过是一个称呼，但人们往往非常看重自己的名字，甚至超过了对自身的重视。人们都会不惜一切代价来维护自己的名声，甚至毫不犹豫地为此牺牲性命。因此，对于这些人来说，刻意扭曲他的名字，实际上就是打击了比他自己的生命更重要的东西。即使你把一个听起来邪恶的名字，比如说"鬼王"，改成一个听起来美好的名字，比如"爱莲人"，也是不可接受的。由此我们得出这样一个结论：人们把精神的东西看得比物质更重要，就好比对金匠们来说，付给他们的工费好像比交给他们打的黄金更贵那样，荣誉比生命更珍贵，一个人的名

✎ 承上启下，既承接了上文讲述的希班纳斯老师喜欢打骂孩子，又引出了下文他通过给孩子们起外号的方式侮辱孩子的情节。

字比他本人的生命更珍贵。

正因为人们内心深处有着这样的信仰，所以在希班纳斯给沙希·谢卡尔起了个"比目鱼"的外号，而谢卡尔也知道这是因为自己的长相时，他遭受了双倍的折磨与痛苦。但他什么也做不了，只能沉默不语地坐在教室里，默默地承受这种羞辱。

阿舒的外号叫"小媳妇"，这背后还有一段故事。

> 简洁明了，一句话引出之后的情节，让人好奇阿舒被命名为"小媳妇"的原因。

阿舒是班上出了名的乖孩子，没有人听过他说任何抱怨或不满的话。大概是因为年龄比班上大多数孩子都小，他看起来总是非常害羞，不管别人跟他说什么，他的脸上总是挂着腼腆的微笑。他是个学习非常用功的好学生，班上很多人都想跟他一起玩，但他从来不跟班上其他男孩一起厮混，一放学就直接回家了。每天一点钟，都有一个女仆准时给他送来用莎罗树叶包着的几块甜食和一小铜罐清水。阿舒为此羞得要命，总迫不及待地想赶女仆回家。在学校里，他只希望同学们把他当成一个普通的学生，而他家里的人——他的父母、兄弟和姐妹，都是他个人的隐私，他不愿意向同学们透露自己的家庭。

> 从中可以推断出，阿舒的家庭富裕，为之后他与妹妹在走廊下玩儿过家家被老师看到的情节做了铺垫。

在学习方面，阿舒是个无可挑剔的好学生，但他时不时会迟到。每当希班纳斯质问他迟到的原

泰戈尔

因时，他总是给不出令老师满意的回答。因此，他往往要遭受极度侮辱人的惩罚。希班纳斯命令他弯下腰，双手放在膝盖上，立在走廊里的楼梯旁，让整个年级四个班的学生，都看看他这痛苦又耻辱的模样。

为纪念日食，学校放了一天假。第二天，希班纳斯像往常一样，走进教室，坐在椅子上，盯着教室门口。看到阿舒抱着一块石板和几本包裹在沾满墨迹的旧布里的课本，比以往更加小心翼翼地走进教室时，他一边无比嘲讽地说"看呐，小媳妇来了"，一边大笑出声。当天上完课之后，在所有学生离开教室之前，希班纳斯对着全班人说"我来给大家讲个故事"——他仿佛是要解释一下自己管阿舒叫"小媳妇"的缘由。

在那一瞬间，阿舒恨不得缩进地底，仿佛全世界的重力，都压在了他年幼的肩上，但他能做的，就是不发一言地坐在座位上。班上所有人都盯着他，他的双腿和下垂的裤腿，局促地摇晃着。当然，阿舒还有漫长的人生，他未来还可能会经历比此时更重要的、更多的快乐、悲伤或羞辱的时刻，但没有哪一天能够与这一刻，与他年幼的心灵遭受的痛苦相提并论。

事情很简单，希班纳斯几句话就讲完了。

✏️ 既能看出希班纳斯的恶毒，又能看出阿舒面对伤害无能为力，只能听之任之的状态。

41

✏️ 交代阿舒的妹妹没有可以一起玩耍的同龄伙伴，为下文兄妹俩玩儿过家家游戏做了铺垫。

阿舒有一个年幼的妹妹，家里没有与她同龄的姐妹或朋友，所以阿舒是她唯一的玩伴。阿舒家门前有一个带顶的门廊，前面是一扇大门和围栏。学校放假的那天，天空乌云低垂，稀里哗啦地下着大雨。路上没有几个行人，他们都提着鞋、打着伞，步履匆忙、无暇四顾。在这样一个雨水滴答、阴云密布的假期里，阿舒只能整天坐在门廊的台阶上陪妹妹玩过家家。

他们一起玩儿着洋娃娃结婚的游戏。阿舒认真地发出了很多严格的指示，郑重地跟妹妹一起筹备洋娃娃的婚礼。一切都布置好之后，他们才突然意识到，还缺一个人来扮演婚礼的司仪。妹妹猛地一下跳起来，冲到门口，然后阿舒听到她在问某个路人："请问，你愿意给洋娃娃的婚礼做主婚司仪吗？"阿舒转过身，看到了全身淋得像落汤鸡一样的希班纳斯，他就站在自家门廊下，正在收起湿答答的雨伞。原来他路过阿舒家门口时，雨势突然变大，只得跑到阿舒家门廊下避雨。阿舒没想到，妹妹询问的路人竟然是希班纳斯，她竟然问恶魔老师希班纳斯要不要在洋娃娃的婚礼上做司仪。

看到希班纳斯的一瞬间，阿舒立即抛弃了妹妹和游戏，冲进屋里躲了起来，他的假期就这样彻底毁了。

泰戈尔

当第二天希班纳斯带着嘲讽的口气，讲起了这个故事，并当着全班同学的面给阿舒起了一个"小媳妇"的外号时，阿舒一开始还是像平时那样，不管听到别人说什么，脸上都挂着腼腆的微笑，甚至试图用微笑来融入周围那一群拿这个外号取笑逗乐的同学。然而，一点钟的铃声敲响，下课了，家里的女仆站在教室门口，手里拿着两块包在莎罗树叶里的点心，提着一个擦得发亮的铜水罐。阿舒脸上的微笑没了，脸颊和耳朵变得通红。他强忍着情绪，憋得额头的青筋直跳，最终还是没忍住，瞬间泪流满面。

而希班纳斯呢，他在教师休息室吃了点儿东西后，悠闲地抽着水烟。其他男孩则围着阿舒，边跳边齐声大喊："小媳妇！小媳妇！"阿舒这才意识到，原来在学校放假时，在家里跟自己的妹妹玩过家家的游戏，是这个世界上最可耻的事情，他觉得，人们永远都不会忘了他干过这样一件糗事。

🖉 在大人看来，"事情很简单"，但在孩子心中却留下很深的伤痕，这件事最终在孩子阿舒的心中成为"这个世界上最可耻的事情"。

43

> **阅读小助手**
>
> 　　这篇小说主要讲述了经常打骂学生的初三教师希班纳斯喜欢用起外号的方式摧残学生们幼小的心灵，一次他在躲雨时意外看到学生阿舒在家陪妹妹玩过家家，就给阿舒起了个"小媳妇"的外号，并当众讲述外号的由来，让阿舒羞愧至极，给阿舒造成了一生难忘的伤害的故事。
>
> 　　教师打骂学生属于违法行为。教师应该平等地对待学生，应尊重学生的人格，不歧视学生，不得对学生实施体罚、变相体罚或者其他侮辱人格尊严的行为，不得侵犯学生合法权益。
>
> 　　如果你在学校遇到了老师无故的打骂，千万不要自己在心里默默忍受，那会对你造成很大的心理伤害，要说出来，要告诉你的父母，请求你的父母帮助你改变现状。

泰戈尔

愿望的实现

彭相珍/译

苏巴尔·钱德拉的儿子叫苏希尔·钱德拉。在孟加拉语中，苏巴尔是强壮有力的意思，而苏希尔是温文尔雅的意思。但人并不总是如其名，因为苏巴尔并不强壮，而苏希尔也并不怎么乖巧听话，他总是到处乱跑，在附近招猫逗狗地惹人烦。有时苏巴尔想要追着他揍一顿，但因为自己腿脚有风湿，而苏希尔又跑得跟驯鹿一样飞快，所以那些扭打、拳头和耳光，常常都落不到苏希尔身上。不过，但凡被父亲逮到，苏希尔都要被狠狠地修理一顿。

今天是星期六，学校两点就会放学，但苏希尔压根不想去上学，原因有很多，其中一个原因是今天地理课要考试，另一个原因是今晚邻居博斯家要放烟花。准备工作从大清早就开始了，苏希尔想一整天都待在那边玩。

绞尽脑汁地想了一番借口之后，到了该去上学的时间，苏希尔还躺在床上不动弹。父亲苏巴尔问他："你是怎么回事？还瘫在床上呢？你不去上学了？"

✏️ 直接交代故事的主人公，以及主人公的性格特点，方便后文情节的展开。

> 父亲苏巴尔将计就计，打算用发苦的草药，惩罚因不想去上学而撒谎的儿子。

"我肚子疼，"苏希尔说，"去不了学校啦！"

"你给我等着！"苏巴尔说，他看穿了苏希尔的小把戏。于是他对儿子说："你最好今天就别出去了。我让哈里去博斯家看烟花好了。我本来今天给你买了一些太妃糖，你也别吃了。你就老老实实地躺着吧，我去给你熬点草药！"

闩上门，苏巴尔转身熬制草药去了，苏希尔躺在床上思前想后：他非常痛恨苦得发麻的草药，又爱惨了太妃糖。从昨晚开始，他就满心期待着去博斯家看烟花，现在看来恐怕也没机会去了。

就在苏巴尔端着一大碗草药回到房间时，苏希尔从床上一跃而起，说："我的肚子完全不疼了，我要去上学了。"

"想都别想，"苏巴尔说，"把药喝了，给我老实地待在家里休息。"苏巴尔逼着儿子把草药喝完，转身走了，走时还不忘从外面把房间门锁上。

苏希尔躺在床上伤心地抽泣，心里一直念叨："如果我能像父亲一样老就好了！我就可以做自己喜欢的任何事，没人能够阻拦我！"

而他的父亲苏巴尔此时也独自一人坐在外面遗憾地想："我的父母把我宠坏了，小时候我就没有好好地学习。如果能重返童年，我一定不会浪费一

泰戈尔

分一秒，一定一心一意好好学习。"

　　欲望女神恰好路过，听到了父子俩的愿望，心想："好吧，那就暂时满足他们的心愿吧！"于是，她对苏巴尔说："你的愿望将会实现，从明天起，你将和你的儿子一样年轻。"又对苏希尔说："从明天开始，你就会跟你的父亲一样老。"得偿所愿的父子俩都很高兴。

　　因为年纪大了，苏巴尔常常晚上睡不好，总是要熬到接近天亮才睡得着。但看看今天发生了什么！他早早地就睡饱醒来，精神抖擞地起床后，发现自己变得非常瘦小；掉光的牙齿重新长了出来，络腮胡和小胡须也统统消失不见了。睡前穿的睡裤和睡衣，变得十分宽大，袖子快要拖到地上，领口已经掉到胸前，短裤的裤裆耷拉得很低，直接把他给绊倒了。

　　苏希尔以前总是早早就起来了，活力四射地四处捣蛋，但今天他完全起不来床。当被父亲苏巴尔喊醒时，苏希尔发现自己的衣服紧紧地包裹在身上，简直快要被变大的身躯撑裂了。现在，他的身体变得非常高大，花白相间的胡须盖住了半张脸。他用手一摸自己的脑袋，发现之前一头浓密的头发也不见了，只剩下一颗锃亮发光的秃脑袋。他根本不想起床，烦躁地打着哈欠，在床上翻来滚去，最

✏️ 引出下文，让人开始联想父子俩互换了年龄之后，他们是否会像自己想象中的那么快乐。

47

后在父亲愤怒的吼叫中挣扎着爬了起来，脚踩到地面的瞬间，还差点踉跄跌倒。

父子两人的愿望都实现了，但后果十分尴尬。就像之前说的，苏希尔曾幻想过，如果自己能够像父亲苏巴尔那样高大、自由，他就可以随心所欲地去爬树、跳水、吃青柠果、抓小鸟、在田野里到处游荡，可以自由自在地玩腻了再回家吃饭，没有人能阻止他。奇怪的是，等他真正变得跟父亲一样了，在今天早上醒来之后，他却不想去爬树了，看到池塘也不想跳进去了，反而觉得如果真的跳进去，自己可能会被冻死。他一反常态地在游廊上铺了一张垫子，静静地坐在垫子上思考。

但苏希尔觉得，直接放弃这些好玩的事情好像也不划算，至少应该去试试看。于是，他尝试了好几次，想要爬上院子里的树，就在前一天，他还能像一只小松鼠一样，灵活轻松地蹿到树上，但现在，他拖着老迈的身体，怎么努力也爬不上去。一根细长的树枝，直接被他沉重的身躯压断了，"咚"的一声，他摔倒在地。经过的路人，看到一个年迈的老人竟然还想像小男孩一样爬树，最后重重地摔到地上，忍不住大笑起来。苏希尔羞愧地垂着头，回到了游廊下的垫子上。

然后，他唤来仆人，说："你，去给我买一

> 承上启下，直接点明父子俩的愿望实现后的后果。

> 长大后，确实没有人阻拦苏希尔做自己想做的事。

泰戈尔

卢比的太妃糖。"他真的超爱吃太妃糖，学校附近的一家商店里，摆着各种口味的太妃糖。平时手里有一点点派萨，他就全部都用来买糖。他曾暗暗许愿，等自己像父亲一样有钱了，就把太妃糖塞满口袋，一直吃个不停！今天，仆人给他买了一整袋太妃糖，他拿出一颗，放进掉光了牙齿的嘴里，开始吮吸——遗憾的是，他还是小孩子时梦寐以求的糖果，对已经变成老年人的他没了吸引力。于是他想着："父亲现在变成小男孩了，这些糖就留给他吃吧。"但他随即又改了主意："不行，我不能这么做，吃太多糖会让他生病的。"

　　昨天之前，附近所有的小男孩，每天都会来找苏希尔玩卡巴迪，但是今天他们来找他时，看到年迈的苏希尔，小男孩们一哄而散。苏希尔以前每天都会想："如果我像父亲一样自由，就能整天跟小伙伴们一起玩卡巴迪了，可以一直嘟——嘟——嘟——嘟，从早玩到晚！"但今天，他成了老父亲，一点儿都不想看到拉哈尔、戈帕尔、阿克沙伊、尼巴兰、哈里什和南达这些小男孩了，他只想安静地坐着，小男孩们太吵了。

　　前面也说过，他的老父亲苏巴尔以前经常坐在游廊的垫子上想："我小时候，总是把时间浪费在玩耍和捣乱上，如果我能够再年轻一次，一定会成

📖 印度等国所使用的一种货币。

📖 一项古老的运动或游戏项目，据说有四千年的历史，类似于"老鹰捉小鸡"。

49

为一个好孩子，天天关着门学习，绝对不出去玩！到了晚上，也绝对不会浪费时间听奶奶讲故事，我要学习到晚上十点或十一点。"

现在，他回到了小时候，但他根本不想去上学。当儿子苏希尔烦躁地问他："父亲，你不是应该去上学吗？"苏巴尔挠了挠头，垂下头低声说："我今天肚子疼，上不了学啦。"

"你确定去不了？"苏希尔生气地问，"我知道这个'肚子痛，不能去上学'的把戏，这都是我用过的借口。"

没错，苏希尔用过很多逃学的借口，所以父亲的借口骗不了他！于是他把变成小男孩的父亲拎去了学校。好不容易放学回到家，苏巴尔立刻想冲出去玩耍，但年迈的苏希尔，正拿着孟加拉诗人克里蒂巴斯改写的《罗摩衍那》在低声诵读，苏巴尔的吵闹和奔跑吵到了他。于是他命令苏巴尔坐在他面前，把一块石板放在苏巴尔手里，让他做算术。苏希尔出的算术题超级难，以至于他的老父亲苏巴尔花了一个小时才做完其中的一道题。傍晚时分，一群老头子聚集到苏希尔的房间里下象棋。为了让苏巴尔在那个时候保持安静，苏希尔聘请了一位家庭教师，一直教他学习到晚上十点。

苏希尔很严格地控制着父亲苏巴尔的日常饮

✏️ 与上文苏希尔谎称自己肚子疼，不能上学相呼应。变回孩子的苏巴尔使用了儿子曾经使用过的借口，让情节充满戏剧性。

📖 印度古代史诗，全书是诗体，用梵文写成，与《摩诃婆罗多》并列为印度两大史诗。

泰戈尔

食，因为父亲没有变成小男孩之前消化功能很差，一旦吃多了，胃就会反酸难受。苏希尔对此记忆犹新，所以他从不敢让父亲吃得太多。但一夜之间，苏巴尔从年迈的老父亲变成正在长身体的小男孩，胃口好得不得了，每顿饭都恨不得吃掉一头牛！苏希尔给他吃的东西太少了，他每天都饿得受不了！很快，小男孩苏巴尔就变得很虚弱，瘦骨嶙峋的，苏希尔却以为他得了重病，天天给他灌苦涩的草药。

形容消瘦到了极点。

一夜变老的苏希尔也过得很不容易，他开始无法忍受自己以前喜欢的很多东西。以前，不管在哪里，只要听到游行的声音，不管是寒冷刺骨，还是倾盆大雨，他都要跑出门去看。但是，成了年迈老者的苏希尔，只尝试了一次，就立刻感冒咳嗽、头痛欲裂、四肢酸痛，最后在床上躺了三个星期才好转。他以前很喜欢跳进村里的池塘里玩水，现在就洗了那么一次，胳膊和腿关节立刻就肿了起来，患上了痛苦的风湿病，最后不得不去看医生，治了整整六个月才好。从此之后，他只敢用温水洗澡，而且是每隔两天才洗一次，还禁止变成小男孩的苏巴尔去池塘里洗澡玩水。还有一次，他忘了自己已经变老了，猛地一下从床上跳了下来，结果把骨头震得酸痛。他把一整块的油炸帕尼塞进嘴里时，才发

51

> 心思不在这儿。形容思想不集中。

现自己的牙齿已经掉光了，根本咬不动。在他心不在焉地梳理或清洁头发时，抓挠头皮的声音会提醒他，他的头发也快掉光了。有时候，他忘了自己现在是年迈的老父亲，还是像小男孩时候那样搞一些恶作剧，比如把小石子扔进老奶奶的水壶里。当人们把他赶走时，苏希尔听到别人指指点点地说他为老不尊，一个老头怎么能像小孩子一样捣乱，羞得他恨不得把脸埋进土里。

而老父亲苏巴尔有时候也会忘了，自己现在成了小男孩。他以为自己还是个老年人，总是想加入老头子们的牌局，坐下来跟他们像老朋友一样闲谈，这时候其他人都会对他说："玩儿去吧，玩儿去吧！小屁孩，你以为你是谁啊？"然后揪住他的耳朵，把他赶了出去。有时他会去找校长说："你身上有多余的烟叶吗？我想抽一口。"气得校长直接罚他单腿站在长椅上。有时他会去找熟悉的理发师，对人家说："你这个耍赖的家伙，为什么这么久都不来给我刮胡子？""给孩子刮胡子，我是个厚颜无耻的魔鬼吗？"理发师心里虽这么想，嘴上却说，"我等到十年后再来给您刮胡子。"有时，他想像以前那样痛揍儿子苏希尔，结果把苏希尔惹毛了，愤怒的苏希尔说："学校就是这样教你的？对着一个老人家大打出手？你个小流氓！"听到

> 厚着脸皮，不知道羞耻。

泰戈尔

咒骂的邻居们从四面八方赶过来，对他又拍又打又骂。

忍无可忍的苏巴尔开始虔诚地祈祷："如果我能够像儿子苏希尔现在一样高大又自由，我就能摆脱这一切了！"而苏希尔也每天在双手合十地许愿说："哦，神啊，请让我像我父亲现在一样年幼，这样我就可以肆意地玩耍了。他太顽皮了，我管不住他，这让我感到很沮丧。"

欲望女神回来了，问这对父子："怎么样，你们得到自己想要的东西了吗？"

父子俩跪下来，异口同声地说："我们向您保证，尊贵的女神，我们已经得偿所愿啦，现在，请让我们变回自己以前的模样吧！"

"好吧，"欲望女神说，"等你们明天醒来，一切都会恢复原样。"

第二天早上，苏巴尔醒来时，发现自己跟以前一样老迈，而苏希尔醒来，发现自己又变回到小男孩。他们都以为自己只是做了一个漫长的梦。只听见苏巴尔粗声粗气地喊："苏希尔，你的语法背了吗？"

苏希尔不好意思地挠了挠头，垂下头低声说："爸爸，我的语法书丢了。"

> 按照一般故事的套路，苏希尔在变回本来的样子后，应该是吸取教训，变得乖巧听话。本篇小说却一反常态，苏希尔还是像以前一样。这一结局增强了小说的喜剧效果，也说明了人在不同年龄阶段有不同特色的本质。

阅读小助手

这篇小说主要讲述的是一对父子间的故事。

儿子苏希尔调皮捣蛋，经常把邻里闹得鸡犬不宁，他总觉得大人很自由，没人约束，可以想做什么做什么，所以他期盼着能够变成和他父亲一样的大人。父亲苏巴尔是一个对儿子要求严格、腿脚有些不适的老人，常常遗憾于自己小时候没有好好学习，希望能够重返童年，努力学习。女神听到他俩的愿望后，决定满足他们的心愿，将他们的年龄互换。但两人年龄互换后渐渐发现他们的生活并没有先前想象中的那样顺利、快乐，又想重新变回原来的样子，最后在女神的再次帮助下，回到本来的样子，过上了原来的生活。

你是不是曾经也像故事中的苏希尔一样，希望赶快长大，摆脱父母、老师的管教，自由自在地做自己想做的事情呢？成长是要经历不同阶段的，没有足够的知识和经验，忽地长大，也许有一天你会像故事中的苏巴尔一样，后悔没有好好学习，渴望回到童年哦。

泰戈尔

过　失

彭相珍/译

我不得不背井离乡，至于原因，我没法直说，只能隐晦地暗示。

我是村里的赤脚医生，家就在警察所的对面。我与警察所所长关系非常亲密，打交道的次数，不亚于每天都要跟我打照面的死神。因此，我非常清楚，这些人民的"保护神"，可能给人带来的各种苦难。就好比珠宝与首饰，二者交相辉映、互增荣光，我与警察所的关系也是如此，我的职业能给警察所带来好处，而警察所的营生也能增加我的收入。

因为这种紧密的利益捆绑，我与警察所所长拉利特·查克拉巴蒂结下了不同寻常的友谊。作为警察所的一把手，他有着丰富的"调停"经验。他曾多次试图做媒，将他一个无依无靠的远亲介绍给我做妻子。

这令我十分为难，因为我实在不忍心让自己唯一的女儿沙希，落入后妈的手中。就这样，春去秋来，我错过了许多适合结婚的良辰吉日，看见许

✏ 开头写到"我"不得不背井离乡，却又不告诉读者原因，埋下悬念，引起读者的好奇心。

✏ 为了女儿，不考虑自己的婚事，从中能够看出"我"对于女儿的疼爱。为后文失去女儿后，"我"的性格大变做了铺垫。

多体面或寒酸的新郎爬上迎亲的花轿从眼前经过，可我只会加入迎亲的队伍，到别人的婚宴上品味佳肴，然后叹息着孤身回家。

沙希当时已满十二岁，快要十三岁了。一个大户人家曾暗示我，如果我能凑够足够的嫁妆，我就能把女儿嫁入他们家。等女儿出嫁后，我就能着手操办自己的婚事了。

就在我想方设法筹钱的时候，图尔西村的哈里纳特·马宗达绝望地找上门来。原来，他寡居的女儿半夜身亡，他的仇敌却给警察所写了告发信，声称他的女儿因堕胎而死。警察们命令他把女儿的尸体送去检查。

马宗达不愿让自己刚逝去的女儿承受别人这样的诽谤和羞辱。他想到我是一名医生，又是警察的好朋友，就来找我求助，希望我能伸出援手。

财富女神的行踪总是难以捉摸，有时候她堂而皇之地从前门进来，有时候不请自来地从后门而入。就在我为钱发愁的时候，钱财自己就送上门了。我摇了摇头，假意为难地说："这事儿恐怕不好办！"然后瞎编了几个故事，把哈里纳特这个老实巴交的老头吓得浑身发抖，哭得像个小孩。

长话短说，为了让女儿能够体面地下葬，哈里纳特掏空了家底来打点我们。

📝 没有详细描写"我"是如何对马宗达趁火打劫的，语言简洁含蓄，给人留下了想象的空间。

泰戈尔

女儿沙希来到我身边，充满怜悯地问："父亲，为什么那个老人要那样地跪在你的面前，号啕大哭呢？"

"快走开！"我生气地对女儿说，"轮不到你来操心这些事儿！"

顺利地办完这件事，给女儿的嫁妆钱也就凑齐了，婚期终于定下来了。身为我的唯一爱女，她的婚宴肯定不能寒酸，要大办特办。我家里没有主妇，所以好心的邻居们都来帮忙，就连变得一贫如洗的哈里纳特也心怀感恩地来为我日夜奔忙。

就在婚礼的前一天（给新娘和新郎抹上姜黄的那天），凌晨三点，我发现沙希得了霍乱。她的病情发展得很快，我用尽了全部的努力也没能让她有任何好转。我又悲又痛，将药瓶扔在地上，跑到哈里纳特跟前，双膝跪地祈求他的原谅。"好兄弟，原谅我，"我哭喊道，"原谅我的罪过！她是我唯一的女儿，我再也没有亲人了啊！"

"您这是在做什么？医生先生，您这是干什么？"哈里纳特被我搞得莫名其妙，说，"我应该感激您一辈子的！您快起来！"

我说："你没有任何过错，我却让你破产了。因为我的罪过，我的女儿遭到了惩罚，她就快死了。"

> 这一突转使情节波澜顿生。

> 在印度，姜黄象征着幸福、纯洁、丰饶、身体健康。婚礼仪式前，亲友们会将姜黄涂抹在新婚夫妇身上，表达祝福。

我对着上天大喊："天神啊，我毁掉了这位老人的人生，现在我受到了惩罚！天神啊，天神啊，救救我的女儿沙希吧！"

我一把抓起哈里纳特的拖鞋，用力抽打着自己的脑袋。老头十分尴尬，赶忙从我手里把鞋子夺了回去。

第二天早上十点钟，全身仍带着姜黄的沙希，永远地离开了人世。

又过了一天，警察所所长对我说："行啦，你现在能结婚了吧？你需要人照顾。"

对别人遭遇的揪心之痛，表现出如此的冷漠与不尊重，恐怕是魔鬼都自叹弗如！但是，我曾在无数场合与他狼狈为奸，深知他的魔鬼本性，压根不敢开口驳斥。此刻，我与他所谓的交情，深深地刺痛了我的心，令我感到耻辱！

不管我的内心多么痛苦，生活还是要继续。我还是得像往常一样，为果腹的食物、避寒的衣物、暖屋的柴火和系鞋的带子而奔波忙碌。

工作之余，当我回到家中独自一人坐着时，耳边仿佛响起沙希那句充满怜悯的提问，"父亲，为什么那个老人要那样地跪在你的面前，号啕大哭呢？"再后来，我自掏腰包为可怜的哈里纳特修葺了破房子，把自家的奶牛送给他，从放高利贷的人

✏️ 一开始"我"对受压迫者的苦难毫不在意，在哈里纳特的痛苦遭遇面前，只看到了自己的利益。直到"我"丧女后，才真正体会到他当初的心情。

泰戈尔

手中，帮他赎回了典当出去的土地。

这些依然不能平息我的痛苦和悔恨，在无数个黄昏和夜不成寐的晚上，我的脑子里总是不停地想："我那心地善良的女儿，虽然离开了尘世，但因为父亲的过错，恐怕在死后也得不到安宁。"她似乎不停地回来，语气哀伤地问我："父亲，你为什么要干那些缺德事呢？"

这种状态持续了很长时间，直到后来，我发现自己给穷人看病时，不忍心收钱了。如果哪个年轻的女孩生病了，我会觉得是我的沙希病了，于是竭尽全力地医治，因为在村里这些女孩的身上，我仿佛看见了自己的女儿。

雨季开始了，暴雨将整个村庄变成一片汪洋，大水淹没了土地和房屋，滂沱大雨从早到晚下个不停。

一天，地主家让我去看病，他派来的仆人船夫一刻也不想等，不耐烦地催着我赶紧走。

以前，每当我需要在暴雨天出门时，沙希总是会帮我撑开那把老旧的雨伞，检查有没有破洞。她会一再地叮嘱我，让我在这种疾风骤雨的天气里保护好自己。今天，在我到处寻找雨伞时，空荡荡的家里寂静无声，我安静地站了一会儿，想起女儿可爱的小脸。我看了一眼上了锁的卧室，心里想道：

> 通过自然环境描写，渲染了悲惨的气氛，暗示了人物沉重的心境。同时，为下文"我"因找伞而怀念女儿、农民坐在舢板上淋了一天雨的情节做了铺垫。

像我这样一个对他人的痛苦漠不关心的人，果然不配拥有长久的关爱。经过女儿曾住过的卧室门前，胸腔里跳动的心脏感受到一阵刺痛。外面传来了地主仆人不耐烦的叫喊声，我迅速压抑住悲伤，匆匆走到了外面。

刚爬上船，我看到警察所门前停了一艘小舢板。上面坐着一个农民，他的全身被暴雨浇得湿透，只在腰上围了一块布。我问他发生了什么事，他告诉我，他的女儿被蛇咬了一口死了。警察要他大老远地从村子里把尸体送来过检验。我看到他把自己仅有的一件上衣，盖在了死去的女儿身上。

地主仆人不愿再耽搁，解开了缆绳，把船划走了。下午一点钟，我回到家里，发现那个农民仍蜷缩在舢板上，警察还没有出现。我给他送去了一点食物，但他一口都没吃。

快速解决完午餐，我又前往地主家看诊去了。傍晚时分，我回来时发现那个农民还守在原地，面色苍白，仿佛一个鬼魂。我问话时，他几乎已经说不出话来了，只是呆呆地看着我。此刻，对他而言，这河流、村庄、警察所，以及这个乌云密布的潮湿肮脏的世界，仿佛一个噩梦。反复询问之后，我才知道，中间出来过一个警察，问他带钱了没有，农民说自己身无分文，家里也没有什么值钱的

✏️ 农民将自己仅有的一件上衣盖在女儿身上，哪怕自己浑身被淋湿，也不愿女儿的遗体暴露在大雨中。短短一句话，足以体现父爱的伟大。

泰戈尔

东西，那个警察只说了一句"等着吧，你这个穷光蛋，坐这儿等着吧"，然后转身就走了。

这样的场景，我过去曾见过无数次，也曾漠不关心，但今天我感到无法忍受，我仿佛听到女儿沙希那充满怜悯而颤抖的声音，穿过阴沉的雨幕在质问我。这个沉默不语的农民，他正在经历的那种无法承受的丧女之痛，仿佛也在啃噬我的内心。

我像暴风一样，冲进警察所所长的家。这会儿，所长正悠闲地坐在藤椅上，吞云吐雾地抽着水烟，旁边坐着他的姨父——就是那位惦记着最近可以把女儿嫁给我的亲戚，两人正在闲聊。我愤怒地质问他们："你们到底是人还是魔鬼？"然后掏出自己奔波了一整天挣到的所有钱，甩到他们面前，说："你们不是想要钱吗？把这些钱拿走！带着这些钱进棺材！放过外面那个可怜人吧，让他回家安葬女儿。"

我和所长之间沾满了无数被压迫者眼泪的'兄弟友谊'，就这样化为乌有。

尽管我很快意识到错误，跪下来祈求所长的原谅、赞美他的伟大、哀叹自己的愚蠢，但最终仍不得不远离故土，背井离乡地求活。

✏️ 农民不吃不喝在暴雨中淋了一整天，与警察所所长家中悠闲惬意的场景，形成鲜明的对比，凸显了当时印度官僚的麻木和冷漠。

✏️ 文章开头写到"我"不得不背井离乡，直到结尾才交代不得不离开故乡的原因，首尾呼应，使得故事结构更加严谨。

阅读小助手

　　这篇小说主要讲述的是一个与警察所所长狼狈为奸的乡村医生在妻子去世后独自一人抚养女儿长大，为了让女儿能够嫁进大户人家，过上富足的生活，想方设法地筹备着嫁妆，正在发愁之时，恰好遇到老人马宗达求他帮忙，他趁机将马宗达的钱财敲诈一空，最后，女儿突发疾病去世，乡村医生以为是上天的报应，内心备受谴责，自此改头换面、重新做人，并与警察所所长断绝关系的故事。

　　勿以恶小而为之，勿以善小而不为。人生的每一步都在面临着善与恶的抉择。有时候，一丁点儿善意就能让一个人感受到世界的美好与温暖，一丁点儿恶意就会毁掉一个人的一生。

泰戈尔

艺术家

彭相珍/译

　　从迈门辛格高中毕业后，戈宾达来到加尔各答闯荡。从小，他跟他寡居的母亲一起生活，家境非常贫寒。从那时起，他就立志挣大钱，获得财富成为他这辈子坚定不移的愿望。"我要赚大钱，"他立下誓言，"哪怕要我奉献自己的一生！"在他的字典里，财富的代名词就是"价格"，只有那种看得见、摸得着、闻得到的东西才能代表财富。他对所谓的名声并不感兴趣，他满心想的都是赚得那些在市场上反复易手的、被磨损得失去光泽、散发着铜臭味的钱币。在戈宾达看来，这些钱币就是财神库比罗的本来面目——他经常伪装成金银、股票和遗嘱，他让人们的思想陷入癫狂。

　　走过无数蜿蜒曲折和泥泞不堪的道路，穿越宽阔的金钱急流后，戈宾达终于到达了坚实的彼岸。现在，他总算爬到了高管的位置，成为麦克杜加尔公司的经理。人们都叫他麦克杜拉尔。

　　戈宾达的堂兄弟、律师穆昆达去世前，委托戈宾达照看他年幼的儿子和妻子萨塔亚瓦蒂。他给母

✏️ 交代了戈宾达形成金钱至上的价值观的原因。

✏️ 形象地刻画了戈宾达金钱至上的价值观，在他看来，名声这种东西毫无意义。

📖 印度教的财神，也称俱毗罗（Kubera），善于聚敛钱财。

63

子俩留下了加尔各答的一处房产，一些现金存款。但除此之外，还有一堆债务。因此，为了生存，他们只得省吃俭用，节衣缩食。经济的压力，也使得年幼的丘尼拉尔的生活跟邻居比起来，显得有些寒酸。

按照穆昆达的遗嘱，这个家庭的全部重担，都落在了戈宾达的肩上。从丘尼达尔很小起，戈宾达就开始给小侄儿灌输"活着就是为了挣钱"的信念。在他看来，挣钱应该是人生的头等大事，比所有其他的事情都更重要。

但萨塔亚瓦蒂反对自己的儿子全身心地崇拜财富，一切都以金钱为目标。她没有明确地说过什么反对的话，但明显地表现出阻挠的行动，尽可能阻止丘尼达尔走上戈宾达规划的逐利之路。萨塔亚瓦蒂从小就热爱艺术，总是喜欢用黏土、面粉、纸或碎布头来制作工艺品。她用花朵和叶子榨出汁液，用作颜料和燃料，做出五颜六色的各种小物件儿。她总是沉迷于制作各种艺术品——那些华而不实的东西。但这些东西有时会给萨塔亚瓦蒂招来批评或嘲笑，因为没有任何实用价值的东西常常就像七月的洪水——有冲击力，却不具备任何意义或价值。有一次，她把自己关在房间里，用泥巴来制作各种形态的动物，因为太过于沉迷其中，把要走访

> 📝 萨塔亚瓦蒂完全不认同戈宾达对丘尼达尔的教育理念，下文她与戈宾达发生冲突也就不足为奇了。

泰戈尔

近亲的事儿忘得一干二净！亲戚们都说"她太高傲了"，对此她也没有给出令人满意的回答。

她的丈夫，已逝的穆昆达是个有知识有文化的人，他从书本里获得的知识足以让他对艺术做出价值判断。他崇拜"艺术"，但从没想过"艺术"这个崇高的词会与他妻子的手艺产生什么关系。他这个人一向平和，看到妻子用这种没有必要和无用的艺术活动来打发时间，也只是一笑了之，笑容中还满怀深情。如果家里的其他人看不上萨塔亚瓦蒂做的事，穆昆达总会站出来为妻子辩护。

> 体现了穆昆达对萨塔亚瓦蒂的包容与爱护。

穆昆达的性格中有一种独特的自相矛盾——在律师业务方面，他是无可挑剔的专家，但在家庭事务方面，他却一窍不通。律师的职业给他带来了不菲的收入，但他从未想过存些钱。他从不将自己的意见强加于人，生活简单，对家人亲戚从没提过不合理的要求。但如果有亲戚诋毁萨塔亚瓦蒂的活动，他会毫不客气地立刻出声制止。从法院下班回家的路上，他常常专门到商店去买一些艺术创作的材料，比如颜料、铅笔和彩色的丝绸等等，然后悄悄地把这些礼物放到萨塔亚瓦蒂的卧室里，想要给她一个惊喜。有时，他会拿起妻子的一幅作品，大加赞赏："哇，这幅画可真漂亮！"

不过，穆昆达其实不太懂得欣赏妻子的创作，有一次他拿倒了一副人物画,把画中的人看成了小鸟,他说:"萨塔,这幅画应该装到相框里裱起来!画中的鹳鸟画得太棒了!"他把妻子的艺术创作看作小孩子的游戏,他总能从中收获到某种快乐,而萨塔亚瓦蒂又能从丈夫对艺术作品的欣赏中收获到类似的快乐。萨塔亚瓦蒂很清楚,在孟加拉的其他任何家庭中,她都不可能如此自由自在、无拘无束地进行艺术创作,不可能得到家人这么多的包容和支持。因此,每当她的丈夫拿着她的作品夸张地称赞时,萨塔亚瓦蒂都感动得无法抑制自己的泪水。

丈夫的离去,让萨塔亚瓦蒂失去了这宝贵且难得的幸运。在临死前,她的丈夫清醒地意识到一件事:他的这份有债务的家产,必须交到一个足够精明的人的手中,这个人要具有操控破船仍能熟练驶向彼岸的本事。就这样,穆昆达将萨塔亚瓦蒂和他们的儿子丘尼达尔托付给了戈宾达。从第一天起,戈宾达就向她明确地表示,他活着就是为了挣钱。戈宾达这话听上去非常厚颜无耻,萨塔亚瓦蒂听了都替他感觉羞愧。

不过,从此之后,这一家人对金钱的崇拜以各种各样的形式继续着。如果能低调点儿,而不是没完没了地讨论,可能事情还不会这么糟糕。萨塔亚

> 临死前,穆昆达依然能够头脑清醒地选择并托付靠谱的人照顾自己的妻儿,表现了穆昆达对于死亡的淡定、为人的理智,以及对于妻子和儿子的挂念。

泰戈尔

瓦蒂心里明白，这样下去她儿子会渐渐学坏。可她没有其他办法，只能忍受。因为那些受人尊敬的好心人是最脆弱的，他们很容易受到那些粗鲁的或麻木不仁的人们的伤害或嘲笑。

> 肢体麻木，没有感觉。比喻思想不敏锐，反应迟钝。

搞艺术创造，肯定需要各种材料。以前，萨塔亚瓦蒂从没为材料操过心，她不需要开口，穆昆达就为她准备好了，所以她从不觉得这是一种恩惠。现在，家里的经济很紧张，她总是难以启齿，不好开口向戈宾达索取材料。于是她悄悄地克扣自己的伙食费，用省下来的钱去偷偷地购买艺术创作所需的材料，然后关起门来创作。她并不害怕戈宾达的责骂，但不喜欢他用漠不关心的眼光看着自己创作出来的那些奇奇怪怪的小物件。

丘尼达尔是她艺术创作的唯一观众和点评者。渐渐地，他成为参与者。他开始对自由的艺术创作活动产生了浓厚的兴趣。可身为一个年仅四岁的小孩，他的爱好和兴趣很难掩藏。他在练习本上，甚至是家里的墙壁上，都留下了艺术创作的痕迹。而他的双手、脸蛋和衣服，也经常被颜料染色。种种迹象都在表明，丘尼达尔正在追求的，是艺术和手工创作，并非金钱。这一切都被戈宾达看在眼里，他狠狠地惩罚了年幼的丘尼达尔。

但戈宾达对萨塔亚瓦蒂和侄儿丘尼达尔的管控

67

和惩罚越是严格，萨塔亚瓦蒂对儿子的爱好就越发纵容。她开始悄悄地掩护儿子去做一些对戈宾达来说，称得上是犯罪的、浪费时间和精力的事情。每当戈宾达公司的老板有事将他叫走，一起离开加尔各答去其他地方做事的时候，母子俩就仿佛过节一般欢天喜地地进行艺术创作。母子俩画的都是些上帝没有创造出来的动物，比如看起来有些像猫，又有点像狗的动物，看起来既像鱼又像鸡的动物。但他们没办法把这些作品保留下来，他们必须得在戈宾达回到家之前，把所有的作品毁掉，不留下一丁点儿痕迹。只有创造者梵天和毁灭者楼陀罗见证了两个人艺术创造的喜悦；他们的守护者，戈宾达，从未见过。

萨塔亚瓦蒂的娘家人，都天生热爱艺术，他们的家族基因中流淌着艺术家的血液。她的一个表侄子龙戈拉尔突然在艺术界声名大噪，但他的画作并不符合现实生活的情况，而且其想象力总是离经叛道，所以总有人嘲笑他怪异的创作风格和拙劣的艺术技能。但欣赏他的人，却盛赞他的作品，认为这都是绝佳的现代派艺术。龙戈拉尔的创作，尽管招致了许多批判，但同样也赢得了诸多赞誉。

有一天，趁着戈宾达不在家里，龙戈拉尔前来拜访萨塔亚瓦蒂，他用力地拍了很久的门，才有人

📖 印度教的创造之神，与毗湿奴、湿婆并称为印度三大主神。

📖 古印度神话中一个具有双重人格的神明。

📖 背离、违反经典思想和道德教条。后比喻有背离主流地位的思想的言论和行动。

泰戈尔

给他开门，因为萨塔亚瓦蒂和丘尼达尔把自己关在屋里，兴高采烈地沉浸在艺术创作之中。来到房间里，龙戈拉尔发现几乎没有下脚之处，地板上堆满了床单、碎纸片和碎布头，周围散落着一张张图画和绘画。萨塔亚瓦蒂母子的秘密被人发现了。

"很明显，"他感叹地说，"丘尼创作的形象已经有了独属于他自己的特征，这不是随意的涂鸦！可以说他和那位创造了万物的神灵一样伟大！快把他所有其他的作品都拿给我看看吧！"

哪里还有其他的作品啊？因为害怕被戈宾达发现，母子俩早就把之前所有的画作和作品，毁得一干二净了。龙戈拉尔祈求地说："从现在起，不管你画什么或做什么，我都会来取走。答应我，永远不要再毁掉任何一件作品了！"

某一天，戈宾达又出门了，趁着他还没回家，丘尼拉尔又开始了艺术创作。那是一个雨天，雨水滴滴答答地从早上开始一直下，天色也是阴沉沉的，母子俩都没发现天色已晚。丘尼拉尔趁妈妈在礼堂，开始画一条刚下水的船，画面上汹涌的海浪仿佛随时会吞没船只（这艘船看起来也不太像真实的船只），画布上到处都是颜料、水和五颜六色的色块。

丘尼达尔完全沉浸在艺术的大海之中，以至于

✏️ 龙戈拉尔的出现，让萨塔亚瓦蒂母子找到了同道之人，为之后萨塔亚瓦蒂带着儿子远离戈宾达，投奔龙戈拉尔做铺垫。

69

✏️ "门没有关严实",丘尼达尔的艺术创作被发现,让人不禁为母子俩捏了一把汗。故事进入高潮。

他根本没发现门没有关严实。戈宾达走了进来,只看了一眼就开始怒吼:"这是什么东西?"

丘尼达尔吓得浑身打战,脸色发白。戈宾达终于明白,为什么丘尼达尔在历史科目的考试里会把历史日期写错。就在这时候,丘尼达尔还慌里慌张地试图将图画藏进衣服里,这更暴露了他的心虚。戈宾达一把夺过图画扫了一眼,所看到的东西更是助长了他的怒火,这到底是什么玩意?哪怕是写错的历史日期,也比这些糟心的玩意好多了!戈宾达把图画撕了个粉碎,丘尼达尔伤心地号啕大哭。

听到儿子的哭声,萨塔亚瓦蒂连忙从礼拜室跑过来,她看到丘尼达尔的图画被撕成碎片撒了一地,而丘尼达尔坐在一地纸片中伤心地抽泣。戈宾达细数着丘尼达尔历史考试不及格的原因,并提出了一大堆听着就让人害怕的补救办法。

直到今天,萨塔亚瓦蒂从没有违抗过戈宾达所说和所做的一切,因为他是丈夫的哥哥,也是这个家的监护人,她默默地忍受了一切,因为是自己的丈夫将整个家托付给了戈宾达。但今天,她实在是忍无可忍了,她的眼中含着泪水,她用气得发颤的声音质问戈宾达:"你为什么要撕掉丘尼达尔的画?"

"孩子不用学习吗?"戈宾达反问她,"他再

✏️ 你觉得,戈宾达关于孩子要好好学习的想法是否有错?

泰戈尔

这样玩物丧志，将来还能有什么出息？"

"哪怕他以后沦为乞丐，"萨塔亚瓦蒂愤怒地反驳说，"也比变得像你一样的人好多了！上帝已经给了他一笔财富，他应该为此感到自豪，这比你那些沾满铜臭味的财富要强得多！作为他的母亲，这就是我对他的期望！"

> 这里的"财富"指的是丘尼达尔无与伦比的艺术天赋。

"我不能放弃我身为监护人的责任，"戈宾达回答说，"明天我就亲自送他去寄宿学校，慈母多败儿，你这样会毁了他！"

说完戈宾达上班去了，屋外开始下起滂沱大雨，加尔各答的街上到处都是水，萨塔亚瓦蒂牵起丘尼达尔的手，说："儿子，我们走吧。"

"妈妈，我们去哪里？"丘尼达尔问。

"离开这里。"母亲回答说。

萨塔亚瓦蒂想办法找到了龙戈拉尔的家，淌过街上深深的积水，母子俩来到前门。她牵着丘尼达尔的手走进屋里。"你来负责教育丘尼达尔吧，"萨塔亚瓦蒂说，"请把他从贪求金钱的歧途上拯救出来！"

> 点明了萨塔亚瓦蒂带着儿子丘尼达尔离开戈宾达的原因。

71

> **阅读小助手**
>
> 　　这篇小说主要讲述了律师穆昆达去世后，将自己的妻子萨塔亚瓦蒂和儿子丘尼达尔托付给自己的兄弟戈宾达照顾的故事。萨塔亚瓦蒂是一个热爱艺术、喜欢进行艺术创作的人，而戈宾达却是个视挣钱为人生使命、浑身铜臭气的人，他将艺术看作毫无意义的事情。两人对丘尼达尔的教育理念发生巨大偏差，戈宾达时刻用他的金钱观熏陶小男孩，让男孩的母亲十分担心孩子会学得唯利是图，因此经常带着男孩进行一些艺术创作，试图将孩子从贪求金钱的歧途上拯救出来。男孩渐渐喜欢上艺术。最后，母子俩的艺术创作被发现，戈宾达与萨塔亚瓦蒂发生了激烈的争吵，母子二人自此远离戈宾达。
>
> 　　"君子爱财，取之有道，视之有度，用之有节。"君子也可以爱财，但获取金钱的方式必须遵守法律道德，看待金钱要有度，不要贪心，使用金钱要有节制，不要肆意挥霍。生活中，除了挣钱，还有很多有趣、有意义的事情等着我们去做，千万不要为了挣钱放弃自己的生活。

○ 作家档案

中 文 名：**皮兰德娄**

外 文 名：Luigi Pirandello

国　　籍：意大利

出生日期：1867年6月28日

逝世日期：1936年12月10日

认识作者

　　皮兰德娄，小说家、剧作家，生于富有的商人家庭。先后就读于巴勒莫大学和罗马大学，后入德国波恩大学攻读文学和语言学。1892年后执教于罗马高等师范学校。早期写诗，后以小说知名。一生共创作长篇小说七部，短篇小说约三百篇。

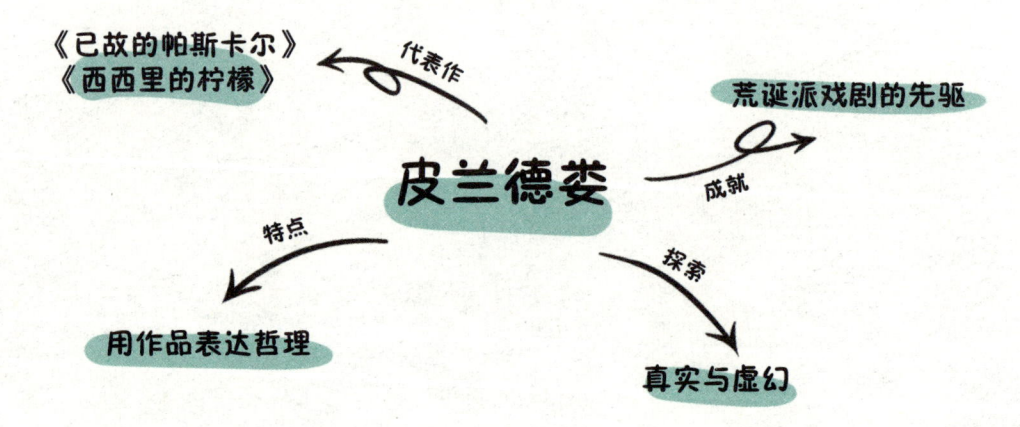

《已故的帕斯卡尔》
《西西里的柠檬》　　代表作

荒诞派戏剧的先驱

皮兰德娄　　成就

特点　　探索

用作品表达哲理　　真实与虚幻

1934 年诺贝尔文学奖

获奖理由：
　　他果敢而灵巧地复兴了戏剧艺术和舞台艺术。

创作风格

　　皮兰德娄的作品非常富于哲理性，他也自认是一名富于哲理性的作家。他认为仅仅为了快感而表现人物是不够的，文学作品中还必须体现人们更深刻的精神需要。他的作品总是展现一个现代人在充满焦虑的荒诞世界里，如何寻求自己的身份地位和一线生机。他笔下的大部分角色，都是社会中最普通的人或者弱者，他们不得不借助"疯癫"来逃脱苦难。

作文素材

　　　　事实是一只口袋，它空着的时候立不起来。要使它竖立起来，必须往袋子里面装上支配行动的理智和感情。《六个寻找戏剧家的角色》

　　　　欺骗自己是一件很容易的事，尤其是在你急于想相信某件事的时候。《已故的帕斯卡尔》

　　　　当你越急于让自己变得强大的时候，你反而会变得越发渺小。《西西里的柠檬》

坛　子

卿荷梦玥/译

✎ 介绍了今年橄榄的大丰收，自然而然地引出下文齐拉法预料到现有的五只坛子装不下新产的橄榄油，因而买了第六只坛子。

✎ 对于这个坛子的描写重点突出一个容量大和有气势，不仅为下文迪玛被困坛子提供了条件，也彰显了齐拉法对于橄榄丰收、收获巨额财富的幻想。

✎ 生动地刻画出了一个斤斤计较、冲动易怒的主人公形象，为后文齐拉法与旁人发生争端做了铺垫。

今年的橄榄长势特别好，整个农场弥漫着丰收的气息。虽然去年在开花季被大雾笼罩，但这些橄榄树仍然顽强地生长。如今，树上挂满了油润饱满的橄榄。

唐洛洛·齐拉法在普里莫索莱农场种了成片的橄榄树。他预见到地窖里存放的那五只老旧的上了釉的坛子或许无法容纳下这个丰收季节全部的橄榄油。圣斯特凡诺迪·卡马斯特拉小镇以其出色的陶瓷工艺而闻名，于是，齐拉法立刻向这个小镇的工厂订购了第六只容量更大的坛子。这个坛子高度与人的胸膛平齐，鼓着大肚子，威风十足。和其他五只坛子摆在一起，宛若其他五只的统领。

用不着说，为了这第六只坛子，他也与窑主发生了争吵。不过，谁没跟齐拉法吵过架呢？不论是什么事情，就连一块从围墙上掉落的小石块或一根稻草都能引发他大喊大叫着让人准备骡子，声称要去城里打官司。因此，他需要反反复复支付印花税、律师费，以及其他各种费用。他几乎接近了破产的边缘。

据说，他的法律顾问因每周都要看到他两三次，已经非常厌倦。为了摆脱齐拉法，法律顾问决定采取一种特殊的方法。他给了齐拉法一本小册子，类似于做弥撒时使用的那种。那是一本法典。这样，之后齐拉法再想提出诉讼时，自己在书里查询相关法律依据就可以了。

过去，每个认识他的人在戏弄他时，都会调侃地说："备骡子！"然而，在法律顾问给了齐拉法一本法典之后，大家调侃的话变成了"看法典"，齐拉法会愤怒地回应："迟早我会打死你们，你们这些狗崽子！"

齐拉法订购的那只漂亮的坛子价值四个银币，但是他一直没有找到一个合适的地方来安放它。地窖里已经没有空间，他只好将坛子暂时放置在磨坊里。人们从未见过如此完美的坛子。它却被放置在这样一个地方——房间黑暗狭小，没有一丝光线能够穿透，空气在其中无法流通，充满了葡萄汁发酵的酸涩味。

两天前，橄榄树的采摘工作就已经开始了。齐拉法整天都怒气冲冲的，因为农场里人潮涌动，既有农夫们忙着采摘成熟的橄榄，也有赶骡子的人满载着粪便为山坡上的蚕豆施肥。他感到力不从心，

> 既表明齐拉法斤斤计较的性格，也让故事变得更有趣。

无法同时监督所有的人，不知道该先管谁。他大声责骂，愤怒地瞪着众人，用威胁的语气斥责这个、威胁那个。如果少了一颗橄榄，哪怕只是一颗橄榄，他都能发现，就像他事先数了每一棵橄榄树上有多少果实似的。如果每一堆粪便大小不一，他也会毫不犹豫地处罚那些劳作的人。齐拉法戴着白色的帽子，挽起衣袖，衬衫敞开，满脸通红，大汗淋漓。他瞪着狼一般的双眼，焦虑地来回奔波，手不时搓着刚剃过胡须的脸颊，因为刚剃过的地方，坚硬的胡须就又长出来了。

> 连刚刮过的地方又长出新的胡须都不能接受，进一步突出了齐拉法易暴易怒的性格。

采摘的第三天，快要结束的时候，三个农夫前往磨房，准备放置梯子和杆子。然而，当他们进入房间的时候，眼前的景象让他们目瞪口呆：那只新坛子竟然裂成了两半，就像有人干脆利落地用刀将整个坛子一分为二。

"快看！快看！"

"谁干的？"

"啊！我的天！谁去告诉齐拉法先生？这只新坛子，可惜了！"

第一个农夫最害怕，提议立即关上门，悄悄地离开，并将梯子和杆子放在外面的墙边。但，另一个农夫不同意他的建议，说道："你疯了吗？这只坛子可是齐拉法先生的！如果我们逃走，他一定会认为是我们打碎了坛子！我们最好留在原地，别动！"

说着，他匆匆走到房间门口，双手做喇叭状，大声呼喊道：

"齐拉法先生！齐拉法先生！"

齐拉法正站在山坡上，监督着卸粪工人的工作。他像往常一样愤怒地挥动着手势，双手不停地拽着他的白帽子。有几次，他拽得太用力，帽子牢牢地卡在他的头上，怎么都取不下来。天空中最后一缕余晖已逐渐消逝，乡村重回宁静，夜幕降临，风中带着丝丝凉意。在这宁静的氛围中，这个永远愤怒的男人还在挥动着手势。

> 安静惬意的氛围与齐拉法的暴怒形象形成对比，使得齐拉法在一边指手画脚的形象变得更加立体饱满。

"齐拉法先生！嘿！齐拉法先生！"

当齐拉法走进磨坊，目睹这一片混乱时，如火的狂怒降临在他身上。他毫不犹豫地向三个农夫冲去，一把抓住其中一个人的喉咙，将人提了起来：

"天哪！你们要为此付出代价！"

> 从齐拉法的动作中，可以看出他近乎疯狂的心理。

另外两个农夫的脸庞吓得扭曲变形，赶紧上前拉住了他。他转而冲自己发起了火，将帽子愤怒地摔在地上，猛力扇打着自己的脸颊，不断跺脚，并发出悲愤的咆哮声，仿佛在为逝去的亲人哀悼：

"我全新的坛子呀！价值四个银币的坛子！从未使用过一次！"

> 运用夸张手法营造戏剧的效果，突出了齐拉法看到坛子破裂后的痛心疾首。

他想知道是谁打破了那只坛子！难道是坛子自己破了吗？或许是有人出于忌妒，故意破坏了它！一定是这样，这实在是太可耻了！但是，究竟是在什么时候，又是如何破坏的呢？他没有发现任何暴力破坏的痕迹！难道坛子在工厂里就已经坏了？但是这不太可能！那个时候，这只坛子敲起来的响声就像钟声一样响亮！

农夫们见齐拉法的情绪稍微平缓了些，就上前劝他冷静下来。虽然坛子裂开了，但破损程度并不严重，还是可以修补的。只要找到一个擅长修补坛子的师傅，它就能完美地恢复如初。迪玛·利卡斯是个合适的人选，他发明了一种神奇的胶黏剂，并小心守护着这个秘密。这种胶黏剂的黏合效果非常出色，使用了这种胶水，甚至连锤子都捶不开。如果齐拉法愿意，明天一早，迪玛就可以到这里来修复坛子，相信很快它就会比以前更加完美。

齐拉法并不认可这些劝告："这一切都没有用；没有任何补救措施。"然而，在众人的不断劝说下，他最终还是被说服了。第二天黎明，迪玛肩扛着一篮子的工具，准时来到普里莫索莱农场。

迪玛是一位跛腿的老人，他的关节扭曲而粗大，犹如萨拉切诺地区橄榄树的老树桩一般。他的嘴巴紧闭，看起来需要一把钩子才能撬开他的嘴，

> 运用比喻手法，描绘出迪玛这个跛腿老人的外在形象。

皮兰德娄

从里面套出一个字来。傲慢，或者说悲伤，深深地扎根于他畸形的身体里。他不相信任何人，因为作为一个尚未得到大家认可的发明家，从没有人理解和欣赏他。迪玛深知只有事实才能证明自己。因此，他不得不小心翼翼，以免将自己的技术秘密暴露给他人。

"让我看看你的胶黏剂！"齐拉法打量了迪玛很久，脸上浮现出一丝不信任的表情，然后对他说道。

> 说明齐拉法多疑的一面。

迪玛摇摇头，面容严肃，坚定地拒绝了他的要求：

"事实可以说明一切。"

"但我怎么知道它是否能够修复好？"

迪玛将篮子放在了地上，接着取出一块巨大的红色棉质手帕。在众人的好奇和关注下，他慢慢地展开手帕。最后，他拿出一副眼镜，镜架和镜腿已经折断，断处用细绳捆着。这副眼镜已经破损不堪，让人忍不住发出嘲笑。然而，迪玛对他人的嘲笑毫不在意，他深吸一口气，用手指抹去镜片上的灰尘，然后戴上眼镜。紧接着，他开始认真严肃地检查着坛子的裂缝，然后说道：

"能修好。"

"但，不能只用你这个胶黏剂，"齐拉法勉强

81

同意，"我不相信只用它能有效果！我还想用铁丝再缝合。"

"那我走了。"迪玛毫不犹豫地回答道。他起身就将篮子放在肩上，准备离开。

齐拉法立马抓住了迪玛的胳膊："老兄，你去哪儿呀？没这样做生意的吧！看看你这自命不凡的态度！你以为你是查理大帝吗，你这个穷鬼！我想用这只坛子储存今年的橄榄油。补不好的话，会渗油的！这么长的裂缝，只用你的胶黏剂能修好吗？我还想用铁丝缝合起来。使用胶黏剂后再缝一遍。这是我的坛子，我说了算！"

迪玛紧闭双眼，嘴唇紧抿，摇了摇头。这似曾相识的情景再次重演！总有人阻止他干活！明明他做事认真、手艺精湛，可人们还是剥夺了他证明自己的胶黏剂优点的机会。

"如果……"迪玛试图解释。

"缝合！我一定要用胶黏剂和铁丝缝合这两种办法。你要多少钱？"齐拉法打断了他的话。

"如果只用胶黏剂……"

"噢，天呐！"齐拉法捂着头感叹道，"我已经明确告诉过你，我想把坛子缝起来！希望你能够理解并始终坚持这一点，直到工作完成。我没有多余的时间和你浪费。"

📖 自以为很了不起。

📖 法兰克王国加洛林王朝国王，查理曼帝国建立者。是他引入了欧洲文明，被后世认为是欧洲历史上最重要的统治者之一。

✏️ 这也印证了迪玛之前的判断，"只有事实才能证明自己"。因为同样的事情发生了太多次，在干活之前，人们大多不敢相信他的话，这也从侧面反映出他的胶粘技术的神奇。

皮兰德娄

说完，齐拉法转身继续监督他的农夫们去了。

迪玛带着满腔怒气开始修复工作。他用钻头沿着坛子的边缘打孔，以便铁丝可以穿过孔洞从而缝合裂痕。随着钻头在坛子上钻出一个个孔洞，他的愤怒和怨恨逐渐积蓄。伴随着钻头旋转发出的嗡嗡声，他的嘀咕越来越频繁，声音也越来越响亮，仿佛在随着他的行动加剧。愤怒的情绪让迪玛的脸色变得铁青。他的眼神逐渐变得锐利，闪烁着愤怒的火焰。完成第一步之后，他愤怒地将钻机扔进篮子里。他将坛子两半沿裂缝对齐，检查刚刚钻出的孔洞是否间隔相同，是否能够一一对应。接着，他用钳子将铁丝分成好几段，每个孔洞一根。由于数量众多，迪玛叫了一个正在采摘橄榄的农夫帮忙。

"来吧，迪玛老兄！"农夫看见迪玛的神色，赶紧说道。

迪玛举起手做了一个十分愤怒的手势，然后打开装着胶黏剂的铁皮匣子，把它举向天空，不断摇晃，似乎在说，你们这些人不相信胶黏剂的作用，那我把它献给上帝好了。紧接着，迪玛打开了胶黏剂，用手指蘸了点儿胶，沿着坛子的裂缝涂抹。然后，他拿着钳子和提前准备好的铁丝，钻进坛子里，吩咐农夫把坛子破裂的边缘对齐，就像他刚刚

✏️ 迪玛带着满腔怒气开始修坛子，为下文他不经意间把自己封在坛子里、坚决要与齐拉法分出胜负做了铺垫。

✏️ 虽然很生气，但迪玛依旧细致地修理着坛子，与上文描述的迪玛做事认真相呼应。

83

做的那样。在用铁丝修复之前，迪玛站在坛子里，对农夫喊道："你拉拉看！用尽你全身的力气拉！看看它还会不会裂开！让那些不相信我的胶黏剂的人看看！你再用力敲敲！敲敲！听听它的声音，即使我在坛子里，它的声音是不是依然像钟声一样响亮？去，快去告诉你的雇主，快去告诉他！"

农夫叹了口气，说道："迪玛老兄，地位高的人指挥工作，地位低的人只能忙碌不停！你快点修补吧，给你铁丝，给你！"

迪玛开始动手工作。他依次将铁丝穿过相邻的两个孔洞，一端连接这边，一端连接那边，然后用钳子拧紧。耗费了整整一个小时的时间，他才成功将所有的孔洞都穿好。迪玛筋疲力尽，汗水从他的身上流淌到坛子里。他在坛子内一边不停歇地干活，一边感叹着自己命运的曲折。而在坛子外面，农夫一直在安慰他，给他加油。

"好了，现在麻烦你拉我出去。"迪玛对农夫说道。

然而，这只坛子的鼓肚虽然宽敞，瓶口处却很狭窄。迪玛当时非常愤怒，在工作时完全没有注意到这个问题。现在，无论他如何尝试，都无法找到离开坛子的方法。而外面的农民们不仅没有帮助他，还嘲笑不停。就这样，迪玛被困在了他自己修

> ✏️ 精练地写出了底层劳动人民的生存状态，表达了作者对劳动人民的同情，以及对齐拉法代表的上层人士的讽刺。

皮兰德娄

复的坛子里。如今，中间裂开的地方已经被修补，迪玛只有再次打破这只坛子才能重获自由，但这样的话，这只坛子就永远都修不好了。

在嘲笑和呼喊声中，齐拉法赶到了现场。坛子里的迪玛像一只愤怒的猫一样，咆哮着表达自己的不满。

"让我出去！"迪玛大声喊道，"天啊！我想出去！就是现在！快帮帮我！"

齐拉法惊呆了，难以置信眼前发生的一切。

"怎么……怎么会这样？他是怎么进去的？他竟然把自己缝在坛子里了？"

他走近坛子，对着里面的迪玛喊道："帮你？我能怎么帮你呢？你这个愚笨的老家伙，这是怎么回事？你难道不应该先测量一下坛子的尺寸再进去吗？来吧，我们试试。你先伸出一只手臂……对，就是这样。然后是你的头……向上……不不不，慢一点！怎么了！向下……等等，等等！不是这样！向下，向下……你是怎么被关进去的？我的坛子怎么办？冷静！冷静！冷静！"齐拉法开始劝告周围的农夫们保持冷静，仿佛失去耐心的人不是他，而是其他人。"我的脑袋要转不过来了！冷静！这是一个新案件，从未遇见过……备骡子！"

齐拉法用指关节轻敲着坛子，顿时，坛子发出

✏ 迪玛被困坛子无法出来，齐拉法关心的不是救人，而是如何保全自己的财产，展现了齐拉法自私的吝啬鬼形象。

85

了悦耳的钟声般的声音。

齐拉法兴奋地对着坛子里的迪玛说道:"太棒了!它就像一只新坛子……你等等!"他立刻吩咐农夫:"去,快去给我备骡子!"齐拉法焦虑得双手不停地揉着额头,自言自语道:"看看我都遇到了什么事!这不是一只坛子!这是魔鬼!停下来!待在里面别动!"

齐拉法紧紧抱住坛子,迪玛在里面愤怒地挣扎,宛如一只被困的野兽。

农夫将骡子牵了过来,齐拉法急切地对着迪玛说道:"亲爱的朋友,这是个新案件,我们需要律师来解决!我不相信任何人!骡子!我的骡子!我去处理一下这件事,结束后就回来!迪玛老兄,你要冷静点!为了你的利益……在我离开期间,请冷静下来!放松心情!我也要考虑我自己的利益。首先,为了维护我的权利,我会先尽我的义务。这样,我先支付给你今天的工钱。一共五里拉,你觉得够吗?"

"我什么都不想要!"迪玛大声喊道,"我只想出去!"

"你会出去的。但现在,我先把工钱支付给你。拿着,一共五里拉。"

说着,齐拉法从西服背心的小口袋里掏出了五

> 与上文齐拉法一有事情就"备驴子"找律师,导致律师因总看到齐拉法而感到厌烦相呼应。

> 意大利的旧货币。

皮兰德娄

里拉，毫不犹豫地扔进了坛子里。接着，他殷勤地问道："你吃过早餐了吗？拿些面包和其他食物，快！你不需要吗？那就给狗吃吧！给你提供食物，已经是我能做的一切了！"

齐拉法吩咐农夫们给迪玛拿些食物，然后就骑上骡子，向城里飞驰而去。一路上，他都比画着一种奇怪的手势，路上遇到的人都以为他疯了，着急去精神病院。

幸运的是，齐拉法没有在办公室等待很久，律师很快就出现了。然而，律师在听完他的案情后笑了很久，齐拉法不得不等待律师的笑声停下。他对这笑声感到非常恼火："这有什么好笑的？请您不要太过分了！这可是我的坛子！"

然而，律师依然笑个不停，他让齐拉法把整个事情的来龙去脉都告诉他，这样他就又能够大笑一场了。

"什么？坛子里？他把自己缝在了坛子里？而你，你真的把他留在里面……哈哈哈……哦，我的天啊！你把他留在里面是为了不损坏你的坛子？"

齐拉法紧握着拳头，问道："我真的需要打破这只坛子吗？这样做，我不就白白失去坛子，受到羞辱吗？"

律师听了之后反问道："但你知道你的行为被

✏️ 为迪玛提供食物是齐拉法的无奈之举，因而他语出不逊，有点"嗟，来食"的味道，表现出他的刻薄。

✏️ 再次反映出齐拉法易暴易怒的性格特点。

✏️ 借律师之口，揭露了齐拉法的真实想法。为后文齐拉法为了减少损失，找迪玛要求赔偿做了铺垫。

87

称为什么吗？这就是绑架的行为！"

齐拉法非常惊讶，完全不理解地说道："绑架？谁绑架他了？是他自己把自己绑架的！这怎么可能是我的错？"

律师随后向他解释了目前的情况要分两方面看。一方面，齐拉法必须立即采取行动将迪玛从坛子中解救出来，以避免被指控绑架罪。另一方面，修补坛子的迪玛也必须为自己的经验不足或愚蠢行事所造成的损失负责。

"对！该他赔我的坛子！"齐拉法说道。

律师又说道："等等！你要知道，它已经不是新坛子了！"

"为什么呢？"

"因为它已经破了！噢，真是太糟糕了！"

"破了？嘿！它已经修好了！它现在是完好无缺的！甚至比之前还要好，这是迪玛亲口告诉我的！如果我现在再去打碎它，它就再也无法修复了。我的坛子就彻底毁掉了，你明白吗，我的律师先生！"

律师向齐拉法保证，他一定会考虑这一点，要求迪玛按坛子现在的状态赔偿损失。

律师提议说："另外，你可以让迪玛先自己评估一下坛子的价值。"

> 律师提出把迪玛从坛子里救出来，然后再让迪玛赔偿，但齐拉法只关心赔偿，展现出齐拉法对利益的追崇。

皮兰德娄

"非常感谢您！"齐拉法说完，匆匆离开了律师的办公室。

临近傍晚时分，齐拉法终于回到了农场。然而，他被眼前的景象惊呆了：所有的农夫都围着装有迪玛的坛子载歌载舞。就连看守农场的警卫犬也加入了这场喜庆的狂欢，跳跃着、叫着，尽情地表达着自己的喜悦。迪玛此刻已经平静了下来，甚至开始喜欢上了这场意外的冒险，脸上挤出一丝苦涩的笑容。

齐拉法推开人群，走到坛子前，往里面张望。

"哈！迪玛老兄，你还好吗？"

"很好。挺凉快的。"迪玛回答道，他的声音中透着一丝幽默，"比我家里凉爽多了。"

"你开心就好。对了，我买这只坛子的时候花了四盎司。你觉得它现在价值多少钱呢？"

"连带我也算在内吗？"迪玛问道，顿时引来了农夫们的哄堂大笑。

"安静！"齐拉法大声喊道，"现在我们有两种选择，要么你的胶黏剂非常有效，要么它一点用都没有。如果它没用，那就意味着你是个骗子。但如果它真的有效，那这个坛子现在就还值点钱。你认为，它值多少钱呢？"

迪玛沉思了片刻，然后说道："在我看来，如

✏ 身在坛子里出不去，迪玛依然能够与人开玩笑，可见他积极乐观的心态。

89

果按照我的方法，只用胶黏剂修复坛子，那我就不会被关在坛子里，那么坛子也还值最初购买时的价格。但你让我打孔并用铁丝缝合坛子，导致我现在不得不站在坛子里回答你的问题。现在的坛子可能只值之前价格的三分之一，你觉得呢？"

"三分之一？"齐拉法反问道，"一又三分之一盎司？"

"只能更少，不可能更多。"

"好吧！按照你的说法，你要给我一又三分之一盎司。"齐拉法接着对迪玛说道。

"什么？"迪玛完全蒙了，对这话一点也没明白。

"我会打破坛子，让你出来。"齐拉法解释道，"按照律师说的，你需要按照你刚才的估价给我一又三分之一盎司作为补偿。"

"我给你钱？"迪玛大笑起来，"你在开玩笑吧！那我宁愿待在这里变成虫子！"

✎ 一连串动作描写，幽默风趣，画面感十足。

说着，迪玛费劲地从口袋里掏出一个小烟斗，点燃了烟斗，开始缓缓吸烟，烟雾从坛子的瓶口处缓缓升起。

因为这个出人意料的情况，齐拉法的脸色变得十分难看，他和律师都没有预料到迪玛会拒绝离开坛子。现在该如何应对呢？齐拉法想再次叫人备骡

皮兰德娄

子，突然意识到天色已晚。

"啊，对了！"齐拉法说道，"你想一直住在我的坛子里，对吧？好吧，大家来做个见证！我已经准备好打破坛子了，但他不愿出来，因为他不想赔偿。既然他想一直留在里面，那明天我就控告他非法滞留，阻碍我使用坛子。"

迪玛先是吐出一口烟，然后平和地对齐拉法说道："不，先生。我并不是想阻止你。我待在这里只是为了享受吗？我也渴望离开这个可怕的地方。但是要让我赔偿……这简直就是个笑话！我的先生！"

齐拉法勃然大怒，抬起一只脚，想狠狠踢向坛子，但他忍住了。他用双手紧紧抱住坛子，不停地摇晃，气得浑身发抖。

"你看我的胶黏剂多有用啊！"迪玛说道。

"你这个老头子！"齐拉法咆哮道，"这是谁干的好事！难道是我吗？凭什么要我承担所有后果？你就在里面等着饿死吧！让我们看看最后是谁赢了！"

说完这番话，齐拉法转身离去，完全忘记早上他曾将五里拉投入了坛子里。而迪玛早就意识到了这一点，他打算用这五里拉与农夫们好好狂欢一下。他们因为这场意外，被迫在空地上露天过夜。

✏ 齐拉法将"踢"的动作忍住，形象地表现出齐拉法生怕自己把坛子弄破，没办法向迪玛索要赔偿的心理。

✏ 在坛子中，迪玛也不忘夸耀自己的胶水，表现了他对自己发明的自信，以及乐观淡定的性格。

> 既表现了齐拉法难以抑制的愤怒，也写出了农夫尽情狂欢的场面。

> 买来装橄榄油的坛子，意外装进一个人，最后又恰巧撞在一棵橄榄树上，一系列巧合增强了小说的喜剧效果。

其中一位农夫甚至特意去附近的小酒馆买了一些食物。此时，月光洒在大地上，像是故意配合他们的狂欢一样。

在这时，齐拉法从熟睡中被一阵喧闹声惊醒。他走到房间的阳台上，俯瞰着田野空地，只见月光下有很多魔鬼：醉酒的农夫们手拉着手围着坛子跳舞；迪玛站在坛子里，放声高歌。

这一次，齐拉法再也忍不住了，他如同一头被激怒的公牛，疯狂地向前冲去。农夫们还没来得及阻止，他就一把将坛子推倒。坛子从山坡上滚落而下，在醉醺醺的农夫们的笑声中，最终撞上了一棵橄榄树。

迪玛赢了。

皮兰德娄

> **阅读小助手**
>
> 　　橄榄树丰收的时节，易暴易怒、喜欢斤斤计较的农场主齐拉法预测到现有的五只坛子装不下新丰收的橄榄油，花钱订购了一只新的大坛子。结果，这只新坛子意外破裂，齐拉法狂怒不已。农夫们向他建议可以请迪玛前来修补。迪玛发明了一种神奇的胶黏剂，但齐拉法不相信只用胶水就能粘好坛子。两人争论一番，迪玛被迫接受齐拉法的提议，先用胶水后用铁丝固定。结果怀着满腔怒火干活的迪玛不小心将自己封在坛子出不来了。齐拉法不愿意打破自己的坛子，救迪玛出来。他求助律师，律师建议他可以先找迪玛索要赔偿后再打破坛子将人放出。按照律师的建议，齐拉法找迪玛要钱，被迪玛拒绝。双方僵持不下。夜晚，农夫们与迪玛一起狂欢，齐拉法看到后非常生气，一怒之下，将坛子推下山坡。最终，坛子裂开，迪玛得救。
>
> 　　这篇小说非常滑稽、好玩，充满了喜剧效果。不过，事情的发生并不完全是意外。如果齐拉法能够将迪玛的人身安全放在第一位，赶紧将坛子打碎，迪玛是不是早能从坛子里出来了？如果迪玛能够心平气和地干活，是不是就不会将自己关进坛子里呢？如果齐拉法能够认真听取别人的建议，能够相信迪玛，迪玛是不是就不会满怀怒气干活呢？如果这只坛子一开始就被放置在一个安全的地方，是不是就不会意外破裂呢？从他们身上，你还吸取了哪些教训呢？

○ 作家档案

中 文 名：**托马斯·曼**

外 文 名：Thomas Mann

国　　籍：德国

出生日期：1875年6月6日

逝世日期：1955年8月12日

认识作者

托马斯·曼，小说家、散文家，生于德国北部城市吕贝克的一个富商家庭。他是德国20世纪最著名的现实主义作家和人道主义者。在学校期间，他把大部分精力放在文学上，导致学习成绩不理想，毕业时只得到了一个"中等"文凭。他始终想坚持自己的文学梦，在1901年，出版了《布登勃洛克一家》，由此奠定了在德国文坛的地位。

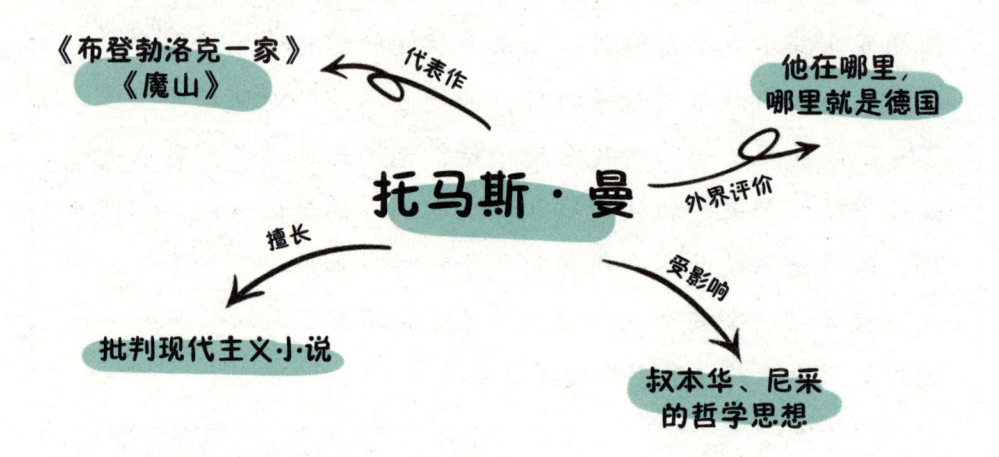

托马斯·曼

- 代表作 → 《布登勃洛克一家》《魔山》
- 外界评价 → 他在哪里，哪里就是德国
- 擅长 → 批判现代主义·小说
- 受影响 → 叔本华、尼采的哲学思想

1929年诺贝尔文学奖

获奖理由：

由于他那在当代文学中具有日益巩固的经典地位的伟大小说《布登勃洛克一家》。

创作风格

托马斯·曼是德国20世纪的"语言魔术师"。他非常擅长营造氛围的场面描写，小说结构精巧，在现实主义的基础上融合了意识流、反讽等手法。在创作上，他把继承欧洲古典作家的优良传统和探索新的艺术手法融为一体，同时他也是一个在思想上和艺术上都不肯媚俗的、相当富于独立性的作家。

作文素材

请牢牢记住，精神是独立的，有着自由的意志，道德世界由它来决定。《魔山》

一个人是年轻还是年老，这要看他自己的感觉而定。《布登勃洛克一家》

在这样的年龄，生活还没有撞疼我们，责任感和悔恨也还都不敢损伤我们，那时我们还敢于看，敢于听，敢于笑，敢于惊讶，也敢于做梦。《布登勃洛克一家》

神　童

刘彦妤/译

　　神童走了进来——大厅里顿时鸦雀无声。

　　接着人们纷纷开始鼓掌，因为边上有一位生来就有权势的公众领袖带头鼓了掌。人们还什么都没听到，就都纷纷鼓起掌来；因为神童的事迹早就被大肆宣扬，不管人们之前是否听说过他，这一刻，都受到了他人热情的蛊惑。

　　神童从一扇华丽的屏风后走出来，屏风上绣着帝国的花环和硕大的奇异花卉。在掌声的簇拥下，他快步登上通往舞台的台阶，就像走进一个浴池，他身体微微颤抖，打着寒战，但环境总归是友好舒适的。他走到舞台边上，微笑着，就像等人给他拍照一样，然后行了一个小小的、羞怯又可爱的女士屈膝礼，虽然他是个男孩。

　　他今天穿着丝绸衣衫，全身素白，在大厅里非常引人注目。只见他身穿一件剪裁合体的白色短外套，腰间系着条宽腰带，连鞋子都是用白色丝绸做成的。他的两条赤裸着的腿从白色丝质短裤中伸出来，棕色的皮肤显得格外显眼，因为这是个来自希

> 这个开头暗含讽刺，预示着这场演出不仅是神童的表演，也是台下这些观众的表演，讽刺了当时社会上的人们随波逐流、附庸风雅的不正之风。

腊的男孩。

他叫比比·萨塞尔拉菲拉卡斯。他的全名就是这样。除了剧院经理，没人知道"比比"是什么名字的缩写或爱称，而经理则将这视作商业机密。比比的头发又黑又直，一直垂到肩膀上；头发被梳成偏分，用一个丝绸蝴蝶结绑住，露出他那狭窄的微微拱起的棕色额头。他长着世界上最天真无邪的孩童的脸，一个青涩的小鼻子，一张无辜的嘴；只不过他那漆黑的小眼睛下面的肌肉已经显得有点疲乏，眼角已经生出两条细纹。他看上去已经有九岁了，但实际上才八岁，对外宣称七岁，人们也不知道自己是不是真的相信他只有七岁。<u>也许他们比当事人更清楚事实，但还是选择不去深究，就像在某些情况下习惯做的那样。撒一点小谎，他们想，无伤大雅，皆大欢喜。给日常生活美化一下，提提格调，不要太过认真，不也是一种善良吗？</u>这么一想，他们觉得自己理直气壮。

神童再三致谢，直到噼里啪啦的掌声平息下来。然后，他走向钢琴，人们也得以最后再看看节目单。最先演奏的是《庄严进行曲》，接着是《梦幻曲》，随后是《猫头鹰和麻雀》……都是比比·萨塞尔拉菲拉卡斯的作品，今天整场演奏会的曲目全部由他作曲。虽然比比还不会写曲谱，但这

✎ 观众并不在意事实真相如何，只关注自己的日常生活是否得到美化，自己的艺术格调是否有所提高，反映了当时整个社会的虚伪与自私。

些音乐都被他铭记在了他那不同凡响的小脑瓜里。就像剧院经理亲自撰写的海报上严肃而客观地写着的那样，这些作品极具艺术价值。剧院经理天性爱挑刺，看来这次似乎经过艰苦的思想斗争，他也屈服了。

神童坐在转椅上，伸出腿去够踏板，踏板的构思很精巧，特意设计得比我们通常见到的更高，这样比比就能把脚放上去了。钢琴是比比自带的，他到哪儿都带着它。钢琴被放在木架上，由于频繁的搬运，表面已经不再光洁如新，但是这一切都让表演更有趣了。

比比把他穿着白丝绸鞋子的脚搁到踏板上，然后摆出一副早慧的神情，目视前方，抬起右手。那是一只棕色的稚嫩的孩子的手，但关节很粗壮，并不像孩子的，一看就是久经训练。

比比刚才的表情是做给观众看的，因为他知道，自己必须取悦他们。但他自己从这种方式中也能获得隐秘的快感，每当他坐在舞台的钢琴前，就能体会到一种不能向任何人描述的快感。那是一种令人心痒难耐的幸福，一种隐秘的欢喜，令他感到一阵战栗——他绝不会丢失这种感觉。琴键供他调遣，那七组八度音阶的黑白琴键，常常使他迷失于它们创造的冒险和令人心神激荡的命运中。而它们

> ✏️ 暗示了神童比比的"天赋"不是天生的，而是后天训练的。

> ✏️ 表现了神童的精明与早慧，他知道怎样用表情取悦观众。

托马斯·曼

看上去是那么纯净，未经世事，像一块擦得干干净净的画板。这就是音乐，展现在他面前的全部的音乐！音乐在他眼前铺展开来，就像一片充满诱惑的海域，他可以一个猛子扎下去，在海里快乐地徜徉，让水波托着他，引诱着他，把他淹没在暴风雨中，但同时又掌控着一切，统治着，调配着……他抬起了右手。

大厅中的人们都屏住了呼吸，紧张地等待他弹出第一个音符……究竟演奏会怎样开始？开始了。比比用食指从钢琴中释放出第一个音符，一个异常响亮的中音区音符，像一声号角，其他音符纷纷跟上，这是一段序曲——大家松了一口气。

这是一个华丽的大厅，位于一处最豪华的酒店中，墙上玫瑰色的油画上画着各色肉体，大厅中矗立着数根巨柱，挂着嵌有涡流纹饰的镜子，顶上还有数不清的电灯。这些灯呈伞形花序挂在大厅各处，如同一串串破土而出的植物，用它们那比日光还要明亮的、如天堂般金色的光芒将整个大厅照得流光溢彩……所有座位上都坐了人，就连靠边的走廊上和大厅后面也站满了观众。前排席位的票价是十二马克，因为剧院经理坚信令人惊叹的价格才能让人肃然起敬。这些席位上坐的都是来自上流社会的贵宾；上流圈子对神童很感兴趣。现场还能看到

✎ 对于大厅设施的描写渲染了音乐会隆重热闹的氛围，也突出了演奏会的高档，暗示了观众的身份地位与虚荣心。

✎ 剧院经理十分了解顾客心理，明白前来观看演奏会的观众为何而来。

📖 德国、芬兰等国的旧货币。

99

很多身着制服的先生，以及穿着精心挑选的礼服出席的女士……甚至还有一些孩子，他们都教养良好地乖乖坐在椅子上，双腿并拢垂下来，眼睛亮晶晶地观察着台上这位身着白色丝绸衣衫，和他们一般大的天才……

> 母亲和剧院经理是神童的"制造者"，对他们的描写说明了神童为他们创造了不少的利益。

前排左边位置坐着这位神童的母亲，一位极其丰满的女士，她的双下巴上扑着粉，头上插着一根羽毛。在她旁边坐着的就是剧院经理，他有着一副东方人的长相，向前伸出的袖口上缀着大颗的金色纽扣。前排最中心的位置坐着公主，这位公主年纪挺大了，身材矮小，皮肤干瘪起皱，但她积极地资助艺术创作，只要那些作品是高雅得体的她就资助。公主坐在一张宽大的天鹅绒扶手椅上，脚下踩着波斯地毯。她双手交叠贴近上腹部，放在她灰色条纹的丝绸裙子上，头偏向一侧看着那位正在弹奏的神童，模样优雅而宁静。侍女笔挺地坐在她旁边，丝毫不敢靠着椅背稍事休息。

比比在这辉煌的场面中收尾了。这孩子弹得多有力度啊！人们不敢相信自己的耳朵。他再次弹到了进行曲，一段热情洋溢的、激情四射的旋律又和谐地响起，雄浑而夸张，每弹完一节，比比都将上半身向后甩，就像他自己正昂首阔步地走在游行队伍中一样。随后他结束了弹奏，弯腰从座椅一侧下来，微笑着等待人们的掌声。

人们开始鼓掌，不约而同，深受感动，激动不已：看哪，这孩子用女士屈膝礼致谢时，腰身多纤细啊！鼓掌，鼓掌！等等，我得把我的手套脱掉。精彩极了，小萨科菲拉克丝，无论你是不是叫这个名字！你还真是个神童啊！

比比不得不从屏风后面出来谢幕三次，直到人们的掌声平息下来。一些观众来晚了，只得从后面挤进来，费力地在人满为患的大厅中找个位置。然后，音乐会继续进行。

比比轻轻弹奏起了他的《梦幻曲》，整首曲子全部由琶音构成，但有时又会有一小节旋律突然加强；接着他弹起了《猫头鹰和麻雀》。这首曲子极为成功，点燃了全场。这是一首非常活泼有趣的儿童歌曲，低音部描绘了一只蹲在树上的猫头鹰正愁苦地眨着浑浊的眼睛，而高声部则描绘了喳喳乱飞的麻雀，或放肆或胆怯地戏弄着猫头鹰。这首曲子演奏完，比比架不住观众们的热情，四次到台前致谢。一位制服上有闪光扣子的服务生把三个大月桂花环送上舞台，从侧面递给他，接着比比致谢和问候观众。甚至连公主也加入了鼓掌的人群，她温柔得体地轻轻拍着双手，一点儿声音都没有发出来……

> 琶音是指一组和弦从低到高或从高到低依次连续弹出。

> 再次表现比比在演奏现场善于把控观众情绪，取悦观众。

这个老练的小家伙多会向观众索要掌声啊！他站在屏风后面让观众等着，然后慢慢地踏上台阶，走到舞台上，带着孩子般的满足看着花环上的绸缎蝴蝶结，尽管他早已看厌了这花环，但还是真诚且扭捏地向观众致谢，给他们留出时间欢呼雀跃，以免错失他们双手创造的珍贵的掌声。《猫头鹰和麻雀》最叫座，他想。他是从剧院经理那儿学到"叫座"这个词的。后面将要演奏的《幻想曲》其实比《猫头鹰和麻雀》好得多，特别是升C大调那一段。但是你们却为《猫头鹰和麻雀》狂热，你们这些人啊，《猫头鹰和麻雀》其实只是我的处女作，而且是我作品中最糟糕的一首。他一边想着，一边迷人地致谢。

接着他演奏了一首《冥想曲》和一首《练习曲》——节目单的内容确实相当丰富。《冥想曲》和《梦幻曲》很相似，一样被他演奏得无可指摘，而在《练习曲》中比比展示了他所有的演奏技巧，顺便说一句，他作曲的天赋反而经常让人们忽略他掌握的技巧。接下来就是《幻想曲》了，这是他最爱的一首。他每一次演奏时都会来点儿自由发挥，加入一些变化，如果当晚他心情不错的话，新的想法和变化有时甚至会让他自己都感到惊喜。

他演奏着，小小的一个，浑身闪耀着白色的光

托马斯·曼

泽，坐在漆黑的、巨大的钢琴前，独自一人，备受宠爱地待在舞台上，下面是芸芸众生，他们哪怕聚在一起都只有一个麻木而笨重的灵魂，而他得用他那独特的、耀眼的灵魂影响他们……他柔软的黑色头发和白色的丝绸蝴蝶结一起掉落在前额，他骨节粗大的、久经锻炼的手关节还在工作，人们可以看到他那孩童的脸颊上棕色的肌肉在抖动。

他偶尔会弹到忘我，感觉只有自己一人，这时他那奇特的、眼白黯淡的小眼睛就会滑向一边，目光从观众身上移开，飘到旁边绘有图画的大厅墙壁上，仿佛可以穿透那墙壁，进而迷失在丰富多彩的充满着不确定际遇和可能的远方。但随后他会将飘忽的目光收回大厅里，他也重新回到人们面前。

悲叹和欢呼，昂扬向上然后重重跌落——"我的《幻想曲》！"比比充满爱意地想着。"听啊，现在到升C大调的地方了！"他特意在这里拖了一个音节。"他们会注意到吗？"唉，没有，他们没有注意到！因此，他优雅地抬眼望向天花板，这样至少会吸引人们的注意力。

人们坐成长排观看神童的表演，他们的脑海里也充斥着各色各样的想法。

一位长着白胡子的老先生，食指上戴着一枚

> 既说明神童的天赋，和他享受音乐的态度，也说明他没办法完全享受音乐，同时也要照顾观众的情绪。

103

刻章戒指，光秃秃的头上长着一块肉瘤，一个畸形的肉块，他私下这么想："真惭愧，我只会弹《普法尔茨猎兵进行曲》，在头发花白的年纪还坐在这儿听这个乳臭未干的神童表演。只能这么想，这孩子是天才呀，上帝赐予他这样的天赋，我们也无可奈何，做个寻常人没什么好羞耻的。就像面对儿时的耶稣一样，在一个小孩面前低声下气、鞠躬行礼不必感到羞耻。这是多么稀有的舒适啊！"他甚至不敢想："这是多么甜蜜啊！""甜蜜"这个词对一位健壮的老人来说有点尴尬。但他确实觉得很甜蜜！尽管不想承认，但这就是他的感受！

✎ 表现了老先生对于比比非凡演奏天赋的羡慕。

"艺术……"长着鹦鹉鼻的商人想，"对，没错，艺术确实给生活带来了一丝光明，一些叮叮当当的声响和白色的丝绸。顺便说一句，他表现得不错。卖出了五十张价值十二马克的贵宾票哩，单这一项就赚了六百马克——这还没算其他的收入。如果除去大厅的租金、照明和印制节目单的费用，还能净赚足足一千马克。这笔生意划算。"

✎ 商人的心理活动道出了演出背后的商业利益。

"他刚才演奏的是肖邦的曲子！"钢琴女教师这样想，她是一位鼻子尖尖的女士，她已经到了希望消失，但判断力越发敏锐的年纪了，"可以说他并不是很擅长原创，我事后会这么说：他的作品有些许原创性。这样听上去比较得体。另外，他的指

✎ 突出了钢琴女教师对神童成就的鄙视，反映出比比的天赋并没有宣传的那么好，是被"创造"出来的神童。

法完全没受过专业培训。手背上要能放稳一枚银币才行……换成是我，得用一把戒尺纠正他。"

一个年轻的女孩看上去脸色苍白，她这个年纪总是充满好奇，最爱胡思乱想。她悄悄想着："这算什么呀！他在那儿演奏什么呢！他的演奏中满含情感！但他还只是个孩子！如果他吻我的话，那不是跟我弟弟吻我没什么两样——都算不上是吻。世上真的会有这样一种自发的不需要世俗对象的情感吗？还是说这仅仅是小孩子充满热情的游戏？……好吧，如果我把这些想法说出来，他们又要让我吃鱼肝油了。世界就是这么回事。"

立柱旁站着一个军官，他一边观察成功的比比一边想："你有点儿才能，我也不差，我们都有自己的立身之本！"他并拢脚跟向神童敬了一个礼，就像他对那些大人物敬礼那样。

但那位评论家，一个年迈的男人，穿着磨得发亮的黑色上衣和挽起裤腿、沾满脏污的长裤，坐在免费席位上想着："人们都来看他，都来看这个比比，这个小东西！作为一个人，他还需要再成长，但是作为艺术家，他已经成熟了。他内心有着艺术家的高贵和阴暗，也有艺术家的轻蔑和隐秘的狂热。他身上既体现了江湖术士般的招摇撞骗，也体现了天才神圣的灵感。但我不能这么写：在其他人

✏️ 指出比比在做人方面还需要成长，但在做艺术家上已经成熟，再次点出了神童是"创造"出来的。

105

眼里他太好了。唉，我想，如果不是我把一切都看得太透彻的话，我自己就会成为一个艺术家……"

这时神童结束了演奏，大厅中顿时响起一阵雷鸣般的掌声。他不得不一次又一次从屏风后面走出来致谢。那个制服上有闪光扣子的服务生再次为他献花，四个大月桂花环、一个紫罗兰做成的七弦琴，以及一束玫瑰。服务生的两手都快拿不下这些花了，再没有多余的手把花献给神童。于是剧院经理亲自上台帮忙，他把一个大月桂花环戴在了比比的脖子上，温柔地抚过比比的黑发。突然，剧院经理像被魔住一般，俯身吻向神童，这一吻恰好落在神童嘴上。这下掌声翻起了巨浪，几乎把大厅掀翻。它就像一道闪电，兜头劈进大厅，击穿了人群的神经。人们不由自主地陷入迷乱中，响亮的欢呼夹杂在疯狂而热烈的掌声中。一些比比的同龄人在台下挥舞着手帕……但这时评论家想的则是："当然啦，剧院经理的吻是安排好的，这不过是个老套但有用的戏码。没错，老天哪，要是我可以不把一切都看透就好了！"

神童的音乐会结束了，七点半开场，八点半结束。舞台上放满了花环，钢琴的灯架上还放着两小盆花。比比最后演奏的是《希腊狂想曲》，也就是希腊国歌的前身。如果这不是一场优雅的演奏

📝 批评家深谙当时社会的说话之道，知道人云亦云才有市场，因此不能公开说出自己的真实想法，表达了作者对当时世风的讽刺。

📝 比喻手法，呈现了现场观众欢呼兴奋的狂热状态，从侧面表现了经理善于鼓动观众，写出了他的精明。

托马斯·曼

会，那些到场的希腊人可能会跟着唱起来。但现在他们只能通过大声喧闹来宣泄自己的爱国热情。评论家仍然冷静地想："当然啦，必须得有国歌，总得升华一下主题吧，他们绝不会放过一个激发观众热情的机会。要我说这算不上艺术，但或许正是艺术家们才会这么做呢。什么是艺术家？不过是小丑罢了。评论才是最高级的艺术，但我可不能这么写。"于是他穿着自己那沾满脏污的裤子离开了。

在九次或十次谢幕以后，激动的神童终于不再走回屏风后面，他走下舞台，走向了他的妈妈和剧院经理。人们站在被拉得乱七八糟的椅子间，一边喝彩一边向前挤，好从近处看看比比，有些人也想看看公主长什么样。于是人们在舞台前围成了密不透风的两个圈，一个围着神童，一个围着公主，从外面甚至看不出哪个圈围着哪个人。这时，公主的侍女奉命走向了比比；她帮比比理了理丝绸外套，这样比比就能在晋见公主时显得体面些。她挽着比比的手臂把他带到公主面前，严肃地示意他向尊贵的公主殿下行吻手礼。"你是怎么做到的，我的孩子？"公主问，"是不是你坐下来的时候，那些音乐就会自动浮现在你的脑海里？""是的，夫人。"比比回答。但他心里想着："嗨，你这个愚蠢的老公主！"然后就害羞而冒失地转过身，再次

✎ 比比明明对某些人事感到厌烦，仍能表现得很得体，表现了他的虚伪老练与善于掩饰自己。

107

向他的亲友走去。

外面的衣帽间旁人声鼎沸。人们纷纷举着自己寄存衣物的号码牌，张开双臂从柜台上接过毛皮大衣、围巾和胶鞋。那位钢琴教师也在那儿，她和自己的熟人站在一起，还不忘批评今天的表演。"没什么原创的东西。"她一边大声说，一边看向四周……

> 她看向四周，可能是生怕别人听不到，也可能是生怕别人听到。

在一面壁挂的大穿衣镜前，一位优雅的年轻女士正任由她的兄弟们——两位少尉，帮她披上大衣，套上皮靴。她生得很美，尤其是那双深蓝色的眼睛和清透的、血统高贵的脸庞，这是位真正的贵族小姐。她穿戴好以后就等着兄弟们。"别在镜子前面站那么久，阿道夫！"她带着些微恼怒，轻声提醒其中一个小伙子，他正沉湎于自己镜中的美貌无法自拔。那好吧！但她还是好心准许阿道夫少尉对着镜子扣上了大衣的纽扣。然后他们也离开了。走到了街上，汽车的弧光灯穿过雪雾透出蒙蒙的光亮，阿道夫少尉一边走一边呼出白色的雾气，他竖起衣领，把双手斜插进大衣的口袋，在冻硬了的雪地上表演了一小段黑人舞蹈，因为天实在太冷了。

> 主动地从痛苦或罪恶中解脱出来。

"一个孩子！"一个头发蓬乱的少女想着，她和一个忧郁的少年一起走在阿道夫姐弟的后面，手自然地垂在身体两侧，"一个可爱的孩子！在那里面他令人起敬……"接着她用干巴巴的语气大声说:"我们都是神童,我们都是创作者。"

"什么!"那位只会弹《普法尔茨猎兵进行曲》的老先生想道,他头上的肉瘤现在已经被一顶礼帽遮住了,"这是什么话!我觉得,这是一种女巫的咒术。"

但那个忧郁的少年听懂了少女的话,缓缓点了点头。

然后,他俩沉默了。头发蓬乱的少女看向前面那三个贵族姐弟,虽然她看不起他们,却一直看着他们,直到他们消失在街道的拐角处。

✏️ 点出神童产生的原因,耐人寻味,引人深思。

> **阅读小助手**
>
> 　　这篇小说主要讲的是被包装出来的神童比比，在金碧辉煌的大厅里举办演奏会，吸引了很多观众慕名前来的故事。作者着重描写了比比演奏时的表现以及演奏中观众的表现，并通过不同身份的观众的不同视角对神童比比进行评价。结尾以少女的一句"我们都是神童，我们都是创作者"暗示了神童比比是被创造出来的这一真相，充满讽刺意味。
>
> 　　生活中，我们有时也会遇到类似这样包装出来的人或物，你是会像小说里那些随波逐流的观众一样对真相不管不顾，只求满足自己的虚荣心，符合自己的利益就够了，还是会像批评家一样认识清醒，但保持沉默，又或者是会像女钢琴老师一样大胆表达出自己的态度呢？

托马斯·曼

火车事故

刘彦妤/译

讲个故事？但我不知道讲什么。好吧，那我就讲一个。

有一次，已经是两年前了吧，我亲身经历了一次火车事故——所有细节直到今天还历历在目。

它算不上可以上头条新闻的那类轰动事件，比如我们常看到的那种事故，车厢被挤压得像手风琴一样"面目全非"这一类。但这是一起有头有尾的真实火车事故，而且还发生在夜里。并不是每个人都有机会经历这种事，所以我会尽量讲清楚些。

我当时应文学资助人的邀请乘车前往德累斯顿，算是一次艺术研讨之旅。我很乐意偶尔来一次这种旅行：作为代表出席，和那些欢呼的书迷见面，不枉为威廉二世的臣民。而且德累斯顿（特别是茨温格宫）很美，到那儿之后我还想花上十天半月去德累斯顿附近的白鹿镇疗养，如果靠着疗养的"手段"，精神能好些了，也可能再写点东西。出于这种打算，我把手稿和一些笔记素材及一大捆文件一起用棕色的牛皮纸包起来，再用蓝白颜色（巴

✏ 小说开篇设置悬念，吊足人们的胃口。

✏ 以"我"的口吻讲述故事，使得故事更具真实性。

✏ "我"将自己的手稿与素材放在行李箱底部，为后文事故发生后，我担心手稿跟随行李箱被毁埋了伏笔。

111

伐利亚州的代表色）的绳子结结实实地缠上，放进了行李箱底部。

我喜欢舒舒服服的旅行，更别说还有人愿意为此买单。所以我买了卧铺车票，几天之前就预订好了头等车厢，安全又舒适。但我还是非常焦虑，每到这种时候我就会焦虑，因为每次启程离家对我都是一次冒险，而且我一直不是很擅长应付交通差旅这档子事。我明明知道，开往德累斯顿的夜班火车总是每晚从慕尼黑主火车站发出，早上到达德累斯顿。但当我自己坐上这班车，把我意义重大的命运和它联系在一起时，坐火车就好像成了一桩大事。我不由觉得，似乎它今天是特地为我而开。这种不理智的错觉悄悄地在我内心深处引起一阵不安，等我解决了启程的所有繁杂细节，比如打包行李、坐上去火车站的马车、独自一人到站、托运行李，终于在车上安顿下来后，这不安才能稍微平息。然后我会感觉一阵轻松，注意力终于得以转向别的事情，就像玻璃穹顶后面辽阔的陌生世界一下子向我敞开了一样，我心中充满了雀跃的期待。

这次也一样。我给提行李的挑夫付了丰厚的小费，喜得他摘下帽子，祝我旅途愉快。像往常的晚上一样，我点了一支雪茄，站在卧铺车厢过道的窗边观察着站台上熙熙攘攘的人群。周遭有啧啧的

> 与后文中每个人都想坐头等车厢呼应，使前后文联系更为密切。

托马斯·曼

叹息声，轮子的滚动声，有人匆匆跑过，有人挥手告别，卖报纸和饮料的小贩唱歌似的叫卖声此起彼伏。在这些热闹之上，一排大大的电灯泡像月亮般挂在十月夜空的雾气中。两个壮硕的男人拖着一辆装着大件行李的手推车，沿着火车过道向行李车厢走去。我靠着一些熟悉的标记辨认出了我的行李箱。它就在那儿，被压在很多行李下面，我的那些珍贵的文件就躺在它的底部。我想，现在用不着担心了，有人好好看着它呢！看那个斜背着红色皮肩带的检票员，他长着警察那种粗鲁的八字胡，眼神凶悍而警惕。瞧瞧他是怎么斥责那个披着破旧黑色披肩的老太太的吧，就因为她险些混进了二等车厢。这就是我们的国家，我们的父亲，这就是所谓权威与安全。人们不喜欢与这类人打交道，他们的态度严苛又生硬，却深受人们信赖，人们相信他们，你的行李交到他们手上就跟在亚伯拉罕的怀抱中一样万无一失。

　　一位绅士在月台上闲逛，他脚蹬裹腿靴，身着一件黄色大衣，手上牵着一条狗。我从来没见过这么漂亮的小狗，那是一条敦实的獒犬，皮毛油光水滑，肌肉发达紧实，身上还有黑色的斑点，显然经过主人的精心打理。它就像马戏团里那些为了取悦主人在马戏场上奋力奔跑的小狗一样有趣。这条

✏ 再次反映出了"我"对于自己那些珍贵文件的重视。

📖 《圣经》中，乞丐拉撒路死后被天使带到了亚伯拉罕的怀中，亚伯拉罕是信心之父，始终信仰上帝。"亚伯拉罕的怀抱"因此代指天堂或善有善报的公正之所。

113

✏️ 从狗的打扮转到狗主人的出身高贵，非常自然。

狗戴着一个银色的项圈，而牵它的那条绳子则是彩色的编织皮绳。但你若再看看他的主人，就不会为小狗的精致打扮惊讶了，它那穿裹腿靴的主人一定出身高贵。他的一只眼睛上夹着眼镜片，虽然他的脸没有因此而扭曲，却显得很严肃。他的小胡子倔强地翘着，让嘴角和下巴多了点不屑一顾又不可动摇的意味。他向那个凶巴巴的检票员问了个问题，不起眼的检票员显然意识到了谁在和他说话，所以一边扶帽敬礼，一边回答问题。这位先生继续向前走去，对自己这身装束产生的影响力很满意。他穿着裹腿靴坚定地走着，样子很冷漠，周遭的人和事都不能逃过他锐利的眼神。从他身上完全看不出旅行的激动劲儿，显然对他来说出趟门稀松平常，压根算不上冒险。他的举止自在松弛，对国家权力机构毫无畏惧，因为他自己就是权力的一部分，简而言之：他是一位老爷。我的目光追随着他，看也看不够。

眼看时间差不多了，他才上车（趁着检票员背过身的当口）。他从我背后的走廊上经过，撞到了我，但连一句"对不起"也没说！好一个了不起的老爷！这还没算完：这位先生连眼睛都没眨一下，就把他的狗一起带进了卧铺包间！这肯定是不允许的。就说我吧，我哪敢把狗带进卧铺车厢呢？他却毫无顾忌地凭借自己的特权这么干了，顺便关上了身后的门。

鸣笛了，车头随之响应，火车缓缓开动。我又在窗边待了一小会儿，看到留在月台上的人们在挥手作别，看到铁桥擦身而过，看到灯火向后远去……稍后才收身回到了包厢。

卧铺车厢的人不算多，我旁边的一个隔间还空着，里面也没摆放卧具。我决定到那儿安安静静地读会儿书，于是拿上书走了过去。隔间的沙发上盖着橙红色的丝绸罩子，折叠桌上放着一个烟灰缸，煤气灯很亮。于是我点了根烟，开始阅读。

卧铺车的列车员进来查票了，他请我今晚把车票交给他保管，我把票放到他微黑的手里。他说话很礼貌，但也只是纯粹公事公办的口气，并没向我道晚安。随后他便离开去问候其他乘客了，我听见他敲响了下一个隔间的门，但他最好别这么做，因为那里正住着那位穿裹腿靴的老爷。不知道是不是那位老爷不想让人瞧见他的狗，还是他已经睡下了，很快我就听到了他暴怒的声音——因为居然有人胆敢打扰他！没错，尽管火车隆隆前进着，我还是透过薄薄的隔板大略感受到了他的怒火。"这是什么意思？！"他喊道，"别打扰我，兔崽子！！"他用了"兔崽子"这个词——还真是老爷

> 以一连串"我"的所见，显示出了火车向前驶去的动态。

> 表现了老爷的粗鲁无礼。

115

> 一段细节描写将两个人的性格都鲜明地表现了出来。

的表达呢，只有贵人们才会这样说话，听起来真够痛快的。但这个列车员并没有放弃，而是继续和他商量，因为他非得看看这位老爷的车票。为了看个究竟，我走到了过道上。我看到那位老爷包厢的门猛地打开了一点儿，车票被扔了出来，狠狠地甩在检票员的脸上。列车员用双手接住了它，尽管刚才车票的一角打中了他的眼眶，眼泪都疼了出来，他还是双腿并拢道了谢，甚至扶帽敬了个礼。我胆战心惊地退回包厢，又埋头于书本中。

我考虑了一番有没有什么理由阻止我再抽一支雪茄，结果发现并没有。所以我又抽出一支雪茄，继续我的阅读。阅读让我好过了些，还给了我很多灵感。时间飞逝，大概已经十点、十点半或者更晚了，卧铺车厢的旅客们都已经休息，我也终于决定上床睡觉。

我起身走回到我的那间包厢，那是一间设施齐全的、奢华的小卧室，铺着压花皮质地毯，有挂衣钩，还有镀镍的洗手池。下铺铺着雪白的床单，被子轻轻掀开，像是在邀请人钻进去。噢，伟大的新时代！我想。躺在这张床上就像睡在家里一样。这一晚上床会随着列车前进的节奏轻轻晃动，明天一早醒来就到德累斯顿了。我抬手去拿货架上的提包，准备洗漱一下。刚伸直手臂，将提包举在头

托马斯·曼

顶。就在这时，铁路事故发生了。我记得清清楚楚，回想起来，就像今天刚发生的一样。

开始就是列车猛地撞了一下——但这一"撞"并不一般。能让人立刻感觉到这一下撞得很严重。列车发出恐怖的"砰"的一声。碰撞的力道让我手里的提包飞了出去，不知去向。我也被掀到了墙上，肩膀撞得生疼。还来不及细想，车厢就剧烈地摇晃起来，这下大家才有时间感觉害怕。在遇到道岔或急转弯时火车车厢可能会有些晃动，这个大家都知道。但这次不一样，这阵摇晃让我们连站都站不稳，只能从一面墙被甩向另一面墙，毫无办法地等着列车翻倒。当时我的脑海中的想法很简单，但非常专注，别无他念。我想："糟了，糟了，这下真的糟了。"这就是我的真实想法。此外，我还想："停下！停下！停下！"因为我知道，只有列车先停下，一切才有转机。看啊，在我无声而热切的命令下，列车真的停下了。

✏️ 一连串的"糟了""停下"，渲染了事故发生时的紧张氛围，凸显了人物当时的惊慌。

直到刚才，卧铺车厢内都还笼罩着死一般的寂静，现在恐惧的情绪终于爆发出来。女士们惊恐的尖叫和男人们低沉的呼喊交织在一起。我听到身旁传来喊"救命"的声音，毫无疑问，这就是方才那位穿裹腿靴的绅士的声音，就是之前骂"兔崽子"的那位老爷，他的声音因为恐惧而扭曲。"救

> 表现了老爷此时内心的虚弱无助，与前文他的粗鲁无礼形成了鲜明的对比。

命！"他大喊着。我刚走到已经聚集了许多乘客的过道上，那位绅士就穿着他的丝质睡衣从包厢里冲了出来，目光迷乱地站在那儿。"我的天哪！"他说，"全知全能的上帝啊！"为了让自己显得更谦卑，以此祈求上帝帮他消灾解难，他又用苦涩的口吻说道："亲爱的上帝……"但突然之间他又改变了想法，开始自救。他扑向墙上的小壁柜，那里为了应急挂着一把斧头和一把锯子，他一拳砸碎了玻璃柜门，但就算这样他也没能立刻将里面的工具取出。于是他放弃了，转而疯狂地胡踢乱打，从拥挤的乘客中挤出一条路来，这一举动让那些半裸的女士再次惊叫连连。终于，他跳出了车厢。

这也就是一眨眼的工夫里发生的事。那一刻我才开始感觉害怕：背后一阵发软，浑身无力到连口水都咽不下去。那位手微黑的卧铺列车员赶了过来，大家马上把他团团围住。那些赤裸着手臂和肩膀的女士只能双手抱臂。

刚才列车脱轨了，他解释道。不过后来证明并不是这么一回事。但是你们看，他在这种情况下还挺健谈的，这桩大事件解放了他的舌头，他甚至亲昵地讲起了自己的妻子："今天我还跟我夫人说呢，我说，老婆，我总有种预感，今天肯定会发生点什么！"如果现在什么事也没发生，不知道他还会不会这么说。不过，周围的人都觉得他说得有理。这时，车厢里开始冒出浓烟，也不知道从哪儿来的。我们大家都觉得，还是先逃到户外的黑夜里去比较好。

因为这儿没有站台，而且我们这节卧铺车厢停得很歪，已经侧向了另一边，所以唯一的办法就是从踏板上高高跃起，跳到铁路路基上。但那些急于借夜色掩护自己身体裸露部分的女士也没有其他办法，只得跳了下去，不一会儿我们大伙儿都站在了铁轨中间。

周围几乎漆黑一片，但能看出，我们身后的车厢尽管斜着，却还完整。可是前面——再往前走十五或二十步，那节车厢的损毁就很严重了，那儿已经成了一片废墟——再走近些，就着列车员微弱的提灯光亮，才能勉强看出火车的轮廓。

激动不安的人们在交谈中逐渐得知了现在的情况。我们目前靠近离雷根斯堡不远的一个小火车站。因为一个道岔坏了，我们的快车开到了错误的轨道上，并且全速撞上了另一辆在那儿停着的货车尾部，把它撞出了车站。货车尾部直接被撞碎了，损失惨重。慕尼黑马菲工厂制造的快车引擎也被撞成了两半，这一项就损失七万马克。前面的几节车厢几乎完全侧翻，部分座椅被挤得连到了一起。不

德国巴伐利亚州直辖市，上普法尔茨行政区的首府，位于多瑙河与雷根河的交汇处。

过，谢天谢地，还没有人员遇难的消息，这就够幸运了。他们还说起了一位被"拖了出来"的老妇人，但没人见过她。不管怎样，人们都被甩来甩去，撞得横七竖八。孩子们被埋在行李下面，把人吓得不轻。他们说行李车厢被撞毁。"你说行李车厢怎么了？""被撞毁了。"

我呆立在原地……

一个没戴帽子的公务员沿着列车走过来，他是这儿的站长，他带着哭腔温和地向乘客们发布指令，让他们保持秩序，从铁轨上回到车厢里去。但是因为他没戴帽子，又缺少威严，没人注意到他。可怜的人啊！他可能得为这起事故负责，也许他的职业生涯就此到头了，他的一生都被毁了。这时如果再去问他大件行李的去向，就太不厚道了。

另一个公务员走了过来——他跛着一只脚，我从他那像警察一样的小胡子认出了他。他就是那个检票员，今天晚上那个没好气的警惕的检票员。他代表着我们的国家、我们的父亲。他弯着腰用一只手撑住自己的膝盖，一瘸一瘸地走着，好像除了他的膝盖，他对一切都漠不关心。"哎哟，哎哟！"他呻吟着，"哎哟！"——"唉，唉，这是怎么回事啊？"——"哎哟，我的先生欸，我被卡在了中间，胸被撞了一下，只好从车顶上逃生，哎哟，哎

✏️ 那些珍贵文件就在行李车厢，可能也因此被毁。

托马斯·曼

哟！"——"从车顶上逃生"，这描述有新闻报道那味儿了，这人平时肯定不大用"逃生"这个词，听着他不像是亲历了事故，而像是从报纸上读到了这次事故一样。但这与我何干呢？他这副模样，应该也没办法就我手稿的去向给我一个答复了。这时，一个年轻人从废墟那边激动地跑了过来，我忙问他知不知道大件行李在哪儿。

"是的，先生，不过没人知道那儿究竟如何，你看看都成什么样儿了！"他的语气仿佛在暗示我：能从事故中毫发无伤地脱身就应该知足了。"那儿全都乱套了，那些女鞋啊……"他使劲摆摆手，不堪回首一般皱了皱鼻子，"等清理工作完成，才能知道。那些女式靴子啊……"

我愣住了。深夜一个人站在铁轨之间，心如刀绞。清理工作？我的手稿应该也在一大堆被清理的东西中吧。它就这样被毁掉了，撕碎了，压扁了。我辛苦搭建的蜂巢，我精心编织的艺术，我绞尽脑汁挖出的狐穴，我所有的骄傲与艰辛，我的心血。如果事情真到了那个地步，我会怎么做呢？我已经写出的东西没有抄本，那些故事已经成型，经过我的推敲打磨，它们已经有了生命，有了声音——更不用说还有我的笔记和研究，我这些年来四处收集的、得到的、听说的、讨巧骗来的、为之吃尽苦头

> ✎ "像仓鼠般一点一点小心囤积""宝藏"，突出了"我"整理这些笔记和素材的不易，显示出这些笔记和素材的珍贵与难得。

121

的那些文献材料，那些我像仓鼠般一点一点小心囤积的宝藏。我会怎么做呢？我认真拷问自己，然后意识到，我会从头再来。没错，用动物一般的耐心，用生命中深藏的坚韧，虽然靠着微不足道的敏锐和勤奋完成的作品已经被毁掉了，但我还是会在短暂的迷茫和慌乱之后重拾从头开始的勇气，也许这次会稍微容易一些……

就在我这样想的时候，消防员也抵达了现场，他们手持着火炬，红色的火光照亮了废墟，我也走上前去，想找找那节行李车厢，这才发现，它几乎完好无损，行李箱也无一缺失。那些散得到处都是的物件和商品都是货车上的，地上堆着数不清的毛线团，完全盖住了地面，就像是毛线团的海洋。

我终于松了一口气，加入了站在那儿夸夸其谈的人们，借着这次倒霉的事故大家很快彼此熟悉起来，互相吹着牛或者自吹自擂。他们肯定地认为，多亏了火车司机操作得当，在最后关头拉下了紧急刹车，才及时避免了一次重大事故。不然的话，据他们说，车厢肯定不可避免要被撞得跟手风琴一样了，列车也大概率会从左侧那个高高的斜坡上掉下去。荣誉应当属于火车司机！他是一个无名英雄，没人看见他，但是他的美名已经在整列火车中传开了。我们所有人都在背后称赞他。"那个人，"一位先

> 自己吹喇叭，自己打鼓，比喻自我吹嘘。

托马斯·曼

生说,他伸手指向黑夜里的某个地方,"那个人救了我们大家。"每个人都点头称是。

但是我们的火车停在了不该停的轨道上,所以只能在火车后面设置路障,确保其他火车不会从背后撞过来,因此,拿着沥青火把的消防员们在最后一节车厢那儿集结起来,其中也包括那个激动地念叨着女式靴子、把我吓了一跳的年轻人。他挥舞着一个火把作为信号,尽管目力所及之处并没有火车开过来。

正常社会的秩序又慢慢恢复了,我们的国家、我们的父亲再次恢复了他的威严与形象。人们打电报把消息传了出去,也做了该做的一切。一列来自雷根斯堡的救援列车小心翼翼地驶入了车站。废墟旁也支起了带反光罩的巨大煤气灯。我们这些乘客则被疏散出去,被告知到车站的房间里去等待转运。我们提着各自的行李箱,有的人头上还缠着绷带,从两旁来看热闹的当地人中间走过,被带到了一个小小的候车室里,将一屋子挤得满满当当。一个小时之后我们又被随机分配到了另一辆火车上。

虽然我买了头等车厢车票(因为有人帮我报销),但也没什么用,因为现在每个人都想坐头等车厢,导致头等车厢比其他车厢的人还要多。当我找到座位坐下时,你猜我在斜对面看到了谁!那人

> ✎ 承上启下,从事故发生转到善后工作。

被挤到了一个角落里，正是那位穿着裹腿靴、开口就训斥人的老爷，也就是我这个故事里的主人公。他的小狗并没在他身边，它被带走了，老爷的特权也起不了作用了，它被关在火车头后面一间阴暗的小隔间里，不满地哀号。这位老爷也拿着一张黄色但没什么用的头等车厢车票，他小声嘟囔着，试图站起身来反抗，反抗灾难面前人人平等这回事。但是一个男人用刚直不阿的声音回答了他："能有个座位，您就该偷着乐了！"这位老爷只得苦笑着坐了回去。

> 老爷的小狗没能跟着老爷进入车厢，而是在阴暗的小隔间里哀号，表明了在灾难面前，终于人人平等了。

被两个消防员扶着走进来的是谁？是一位小个子的老人，一位身披破旧披肩的老太太，就是在慕尼黑差点儿混进了二等车厢的那位。"这是头等车厢吗？"她反复问，"这真是头等车厢吗？"直到人们给了她肯定的回复并为她让座，她才说着"谢天谢地"，倒在毛绒坐垫上，就像她现在才得救一样。

> 与前文老太太企图混进二等车厢的情节相呼应，老太太渴望进入二等车厢，最后却光明正大地进入头等车厢，"才得救"点出了老太太愿望达成的心满意足。

到霍夫已经是五点钟，天亮了。我在那里吃了早餐，搭上了一列快车，最后总共延误了三个小时，我和我的行李终于到达了德累斯顿。

> 德国巴伐利亚州东北部的市镇，位于萨勒河边。

对，这就是我亲身经历的那次火车事故。人总得经历这么一次吧。虽然逻辑学家们可能会质疑，我还是认为经历过一回就足够了，我应该不太可能再遇上这种倒霉事了。

托马斯·曼

> **阅读小助手**
>
> 　　故事写的是一位作家亲身经历的一次火车事故。在一次去往德累斯顿进行艺术研讨的路上，在夜晚，作家经历了一场真实的火车事故。他看到了上车前用鼻孔看人的老爷因恐惧变得脆弱无助；看到了火车发生事故后的混乱场景。但这还不是最糟糕的，他最担心的是自己在行李箱中的手稿会随着事故化为乌有。于是想尽各种办法打听行李车厢的下落。故事的结尾，他打听到自己的行李安好，火车上的人也被安全转移到了另一趟火车，他和他的行李到达了目的地。
>
> 　　在这样的不幸、灾难或困难面前，每个人都会感到绝望，感到无助，甚至觉得恐惧。但沉着的人，能很快调整好紧张的情绪，迅速冷静下来，不抱怨命运的不公，不指责他人的过失，安安静静地等待事情的转机，及时行动。

艰难的时刻

刘彦妤/译

他从书桌旁站起身,离开了他那晃晃悠悠的小书橱,像一个绝望的、了无生气的人一样耷拉着脑袋,朝屋子对角的炉子走去。细长的炉子像根柱子般立在那儿。他把手放在瓷砖上,现在已是凌晨,逝去的午夜带走了瓷砖余温。他背靠着瓷砖,想让自己好受些,但是看来效果并不明显。他咳嗽着攥紧了睡衣的边缘,领口处露出褪色的衬衫装饰花边。他用力吸了吸鼻子,好让自己稍微喘口气。没错儿,他又感冒了。

这次可怕的感冒很有点不同寻常,病根一直没除。他的眼皮像被点着了一般火烧火燎的,鼻孔的边缘也被擦破,脑袋和四肢关节都如同醉酒一样昏昏沉沉的,疼痛又乏力。也可能他现在感受到的所有虚弱疲倦都是长期被拘在这小房间里的错?因为医生在几周前再次宣判他必须居家静养。天知道这是不是对他的病情有帮助!但伤风久治不愈,胸部和下腹还时常痉挛,待在屋子里大概也是没办法的事。再加上耶拿这持续数周的鬼天气,没错儿,一

✏️ 用一系列的动作描写表明主人公感冒了。

托马斯·曼

连几周都是这样，凄风苦雨的可憎天气甚至钻进了人的每一根神经，从骨子里就能感受到那种荒凉、幽暗和阴冷。十二月的寒风在与烟囱相连的炉管里呜咽，散发出被上帝抛弃般破败不堪的颓唐味道，听上去就像暴风雨夜中的荒野，又如同无望的忧伤魂灵。但是这种逼仄的幽禁全无好处，不仅禁锢了思想，也阻碍了血液的流动，由此阻碍了灵感的迸发……

> 环境描写渲染出孤寂凄苦的氛围，反映了此时主人公内心所经历的极度痛苦。

这间六边形的房子空荡又简陋，更谈不上舒适。白色的天花板下香烟缭绕。墙上贴着斜格子壁纸，壁纸上挂着椭圆框的人物肖像。房间里还有四五件细腿家具，全被笼罩在烛光中，两支蜡烛竖在书橱上，刚好照着书桌上的手稿。窗户上缘的窗框上挂着红色印花窗帘，窗帘被撩起束在两边，像两面对称的小旗子。窗帘是红色的，那种温暖又明亮的红，他爱极了这红色的窗帘，因为它们给他冷冰冰的了无意趣的房间带来了一点生机与欢乐。

他站在炉子旁，向桌上那逼他逃开的作品投去匆促、痛苦又疲惫的一瞥。那对他来说就是负担，是巨大的压力，是对良心的折磨，是他必须饮尽的汪洋大海，是为他带来丰硕成果的任务，是他的骄傲也是痛苦，是他的天堂也是地狱。创作缓慢进行，遇到卡顿，中止——一次，又一次！不知道是

> 主人公创作的作品之于他自己的意义。

该怪这鬼天气，怪他的重感冒和该死的疲惫感，还是怪他的作品，怪他的工作本身，怪这多灾多难的令人绝望的创作过程？

> 男主人公的写作诀窍。

他之所以站起来，是想与自己的作品保持一点距离。因为往往只有从空间上远离自己的手稿，他才能理清楚头绪，看明白东西。没错，有时候，当人远离纷扰时，内心产生的那种轻松感才令人兴奋。那是一种纯粹的兴奋感，就好像喝了酒或者浓咖啡那样……说到咖啡，咖啡杯就放在那张小桌子上。来上一杯能帮他渡过这个难关吗？不，不行，不能再喝了！不仅仅是因为医生的警告，还有一个人，一个更有威望的人也曾小心劝阻过他。那人住在魏玛，是他带着渴慕的敌意爱着的那个人。那人是明智的。他知道该怎样生活，怎样创作；他从不会虐待自己，会好好照顾自己……

房间里寂静无声，只能听见从巷子里呼啸而过的风声，还有噼里啪啦打在窗玻璃上的雨声。所有人都在沉睡，房东一家、洛特还有孩子们。只有他独自一人孤单地醒着，站在冷却了的炉子旁，备受折磨地看向他的作品，他对它永远抱持病态的不知满足的执念……他苍白而修长的脖颈从饰带中伸出，睡衣的下摆间可以看见他微微向内弯曲的双腿。红色的头发从他高高的柔嫩的额头向后梳去，

托马斯·曼

露出花白的鬓角，被掠到后面的卷发遮住他的双耳。他的大鼻子是鹰钩状的，鼻尖微微泛白，鼻梁直挺，鼻根上方是浓密的眉毛。他眉头紧锁，眉毛的颜色比头发的更深。这也让他那双眼窝深陷、充满伤痛的眼睛看上去更加悲哀了。他张着薄唇，用嘴呼吸，长着雀斑的脸颊因为长期待在室内而苍白，皮肤松弛，双颊下陷……

不，这没有用，一切都是徒劳！军队！本来应该写军队的！军队是一切的基石！因为军队这部分的展现空洞乏力——如果没有它作为基石，其他的部分难道不是空中楼阁，全凭艺术的想象吗？这主人公算不上英雄；他既不高尚，还很冷酷！结构是错的，语言是错的，这只不过是历史长河中又一篇干巴巴的、毫不起眼的烂文，平铺直叙，毫无亮点，根本没希望登上戏剧舞台！

好吧，已成定局。一篇失败的作品。一次失败的尝试。破产了。他想写信给科尔纳，善良的科尔纳，像孩子一样天真地相信着他的写作天赋的科尔纳。这位朋友会嘲讽他，恳求他，还是会不甘地吵嚷呢？科尔纳会让他想想他曾经创作的《唐·卡洛斯》，那部作品的创作过程也是充满了怀疑和艰辛，一波三折，但经历了所有的痛苦之后，最终被证实是杰出的传世之作。但那时跟现在又不一样。

> 作家对自己的作品有着很高的要求，表现了他对完美的追求。

> 原指写字笔画曲折多姿，后形容文章结构曲折起伏，也形容事情进行中阻碍、变化很多。

那时他还可以用幸运之手抓住一个契机以创造胜利。当时就不存在疑虑和纠结吗？肯定是有的。而且他也曾经病过，甚至比现在病得更严重，他忍饥挨饿、消极避世，与这世界一同堕落，甚至穷到快要讨饭。但那时他还年轻，年轻极了！每一次不管跌得有多深，他的精神都还能不屈地迅速触底反弹，经历过悲伤时刻之后，他的信念和内心胜利就会出现。但它们现在不会再回来了，可能永远不会来了。一个灵感像火焰般迸发的夜晚，一个他可以在才情闪耀时看到尚在孕育的伟大作品的夜晚，如果想要持续享有这种天赐良机，就必须以一周的暗无天日、无法动弹为代价。他累了，才三十七岁就已经到头了。他已经失去了对未来的信念，那信念曾是在痛苦中支撑他的星辰。令人绝望的现实就摆在眼前：过去那些穷困潦倒又平凡琐碎的岁月，那些原本被他视为痛苦和磨炼的岁月，其实才是他光辉又多产的阶段；而现在，他已经握住了一丁点儿幸福，出于自己的私心他背负上了法律和资产的束缚，担任了职务，获得了荣誉，有了妻儿，他却感到筋疲力尽。江郎才尽，灰心气馁——这就是岁月的余烬。

他叹了口气，用手紧紧捂住双眼，火急火燎地穿过房间。他刚才的想法太可怕了，以至于他不敢

📖 比喻人的才情文思衰退殆尽。

再待在那让他产生这些想法的地方。他在靠墙的一把椅子上坐了下来，双手交叠垂在膝间，郁悒地盯着脚下的地板。

他的良心……他的良心嘶喊得多么大声啊！他犯了罪，在过去的这些年里对自己、对自己柔弱的身体犯了罪。他年少时放荡不羁，常常彻夜不眠，在香烟缭绕的室内一待就是一天，不把身体健康放在心上……现在就是过去放纵的报应！

虽然是报应，但他仍想反抗那些给他寄来账单、宣判刑罚的神明。他过去那样生活其实别无选择，他还来不及变得聪慧，也来不及学会谨小慎微。这儿，在胸腔的这个位置，每当他呼吸、咳嗽、打呵欠时都会在同一处感到疼痛。这是一种细微而可怕的警示，像针刺，如木钻，自他五年前在埃尔福特患上这种严重的胸病后，就无法再摆脱它了——它想警告他什么呢？事实上，他知道得再清楚不过——医生早就告诉过他能做什么，不能做什么。但他没有时间学习怎样好好爱惜自己的身体，费心维持温和的美德。他想做的事，就必须马上去做，今天立刻就做……谁还顾得上别的？可为什么到最后他犯下的罪行——肆意沉醉于那些有害的、损耗他的东西——并不会让他觉得不堪，反而让他觉得它们比至理名言和冷静自制的纪律更合乎道

> 形容忧闷，苦闷。

> 一定要照顾好自己的身体，身体是做一切想要做的事情的前提和保证。

德？不是的，良心玩弄的卑劣艺术不是美德，美德是与自我的斗争，是困境，是热情和痛苦！

这痛苦……说出这个单词都需要他用力拉伸胸部！他直起身，双臂环抱胸前；他那泛红的紧蹙的眉毛之下，双眸被痛楚和不满赋予了生气。只要还能给他的痛苦取一个骄傲而高贵的名字，就还不算悲惨，至少不太悲惨。有一点是必要的：要有勇气给他的人生赋予宏大而美好的意义！不要把痛苦归咎于室内的空气和便秘！他已经健康到可以自伤自怜了——那也应该能够把注意力从身体的病痛转移到其他方面！即使对别的东西无所不知，在这一点上也应该天真一些！相信痛苦也需要一点信念……但是他确实深沉而由衷地相信着痛苦，依着他的信念，承受这种痛苦绝非毫无意义，也并非坏事。他的目光飘向手稿，双臂环抱得更紧了……天赋本身，不就是痛苦吗？如果那儿的那篇不祥的作品让他受苦，难道不是理当如此吗？或许这甚至可以说是一个好兆头？灵感本来就从未毫无阻碍地喷发过，如果这次文思如泉涌，倒是要让他疑惑了。只有愣头青和半瓶醋才会写得飞快，因为他们无知无畏又容易自满，也无须承受天才才会承受的压力和约束。女士们，先生们，坐在剧院一楼的贵宾们，你们不知道要当天才绝非易事，天才不是儿

✏️ 表明主人公的意志坚强和乐观向上。

戏，不是不费吹灰之力就能得来的。说到底，天才需要对自己的理想持一种批判性的态度，要永不满足地对自己的能力进行打磨和提高，这个过程也是痛苦的。对其中最伟大、最不知足的创作者来说，天赋就是他们最沉重的苦难，是对他们最激烈的鞭挞……不要抱怨！不要自夸！要谦虚而耐心地想想自己拥有的和背负的！如果一周之中没有一天，甚至没有一小时不受痛苦的折磨，那该怎么办呢？不要在意身负的重担，蔑视挑战、困难和辛劳，只有这样，才能成就伟大！

他站起来，拿过鼻烟壶贪婪地吸着，然后背起双手，在房间里大步走动起来，带起的风让烛火都摇曳不已……伟大！杰出！征服世界，名垂青史！如果一直寂寂无闻，即使拥有所有幸福，又怎能与这个理想相提并论？要出名，要被世界上所有人所知所爱！你们说这是以自我为中心，那是因为你们不知道拥有美梦和想要有所成就的野心有多甜蜜！所有不凡的人在遭受痛苦时都是自私的。如果你们愿意看清楚，就会发现默默无闻的人在这个世界上过得轻松得多！而有雄心的人知道：受过的苦难道是白受的吗？痛苦一定会让我变得伟大……

他的大鼻子的鼻翼绷紧了，目光凌厉，四处逡巡。他的右手用力地深深插进睡衣的领口里，左

> 托马斯·曼

✏️ 成为天才，绝非易事，需要天赋，需要崇高的理想，需要不断坚持自己的理想，还需要不断设法提高和打磨自己的技能。

手则握成拳头垂下来，瘦削的脸颊上现出仓促的红晕。一团火焰从他那艺术家炽烈的自我中被激发出来，那种源于他自身的热情在他内心深处熊熊燃烧着，永不熄灭。他深知这热爱中暗藏着令人迷醉的魅力。有时他只用看看自己的手，内心就会充满强烈的柔情。为了这份柔情他决定献出自己的全部武器，也就是艺术和才华。他需要这么做，这没什么丢人的。因为比他自我成就的野心藏得更深的还有一种更崇高的潜意识，其中完全没有功利的成分，仅仅出于一种无私的自我消耗和奉献的需要。他也因此妒忌别人：没有人会比他更伟大，也没有人会像他一样为了这种崇高遭受如此深的痛苦。

没有人！……他停下脚步，捂住双眼，躲闪地、逃避地侧过上半身，但他已经感受到了内心那挥之不去的想法带来的刺痛。他想到了他，那另一个人，那人清醒而高尚，既能领会世俗的快乐，也保有潜意识中的非凡。那人住在魏玛，是他带着渴慕的敌意爱着的那个人……随即像往常一样，他又一次在深深的不安中，带着仓皇与热情，感到自己顺着这些想法开始了自我质疑：他认为自己的本质以及艺术家的特性与那人不同，并且在两者之间划清界限……但他真的比那人更伟大吗？他胜在哪一点？为什么？即便他真的略胜一筹，血淋淋的牺牲

✏ 除了收获声誉，作家还有自己更崇高的理想，为了这个理想，他甘愿牺牲自己。

✏ 这个住在魏玛的人第二次出现，以强调这个人在作家的心目中占有很重要的地位。

难道就不存在了吗？他的牺牲会是一出悲剧吗？他可能是神，却不是英雄。但当神可比当英雄简单！简单多了……那个人选择了更轻松的路！那人用更明智、更幸运的手把现实认知和创作区分开来，这可能使他更快乐，更无忧无虑，也更高产。但如果说创作是非凡的，那认知就是一种英雄主义，如果一个作家能够清醒地创作，那他就是两者的结合体，既是神，也是英雄！

不畏艰险的意志……猜猜看，就为了一句话，一个严谨的想法，他需要超越多少自我，克服多少惰性？因为他毕竟没受过多少专业训练，是一个无知的，头脑昏沉但狂热的梦想家。写一封《尤里乌斯的信》比写一幕精彩的戏还要难得多——因此，它难道不就是技高一筹吗？从内在艺术韵律的驱动到诉诸笔端，成为实体，甚至可能遇到灵感奔涌，倾泻而出，直到形成思想，形成画面，形成字词和句子，这中间要经历多少挣扎！这是多么痛苦的道路！他的作品是由渴慕而形成的奇迹，是对形式、人物、极限、实体的渴慕，是对进入另一个人那清晰分明的世界的渴慕，那人如同神一般，对日光照耀之下的万物直言不讳。

但是为了与之争辩，他想问：有哪个艺术家，哪个诗人像他，像他自己？有谁像他一样，完全从

> 创作，是一条漫长且痛苦的道路，其间要经历多个阶段。

无到有地遵从自己的内心创作？诗篇难道不是早就从他的灵魂中诞生了吗？如同自然流动的音乐和纯粹的原始图像一样，无须依托这世上的现象所赋予的外壳，也无须假借实物来比喻，而是远在那之前就在他身上诞生了。历史，哲理，热情都只不过是工具和托词，它们不再适用于那些诞生过程与它们甚少相关的创作，那些作品只会诞生于内心深处的秘密花园。词汇，名词也只是琴键，被他以艺术家的禀赋弹奏，为他奏响内心潜藏的乐章……人们知道这些吗？他们毫不吝惜地赞美他，那些好人啊，他们赞美他思想的力量，正是凭借这种力量他才能够按响这个或那个琴键。他最爱的词，他最后的激情，还有他在灵魂最盛大的节日里用来发出呼喊的洪钟，它们将很多人吸引过来……自由……或多或少但又真心实意地，他认为欢呼的人群就是自由。自由——什么是自由？也许是一丁点公民的尊严，但是在侯爵的王座前又何谈尊严？你们想象得出，一个人有了自由会如何放飞思想吗？做什么的自由？最后还能剩下什么自由呢？也许还有幸福的自由，那种人类平凡的幸福，幸福就是丝制的镣铐，让责任和义务显得柔软而迷人。

　　幸福……他的嘴唇颤动着；他收回了目光，缓缓将脸埋入双手中……他走进相邻的小房间里，

> ✏️ 作者将写作比作弹奏乐曲，以表达他对写作的理解。

托马斯·曼

吊灯浅蓝色的光倾泻下来，带花纹的窗帘默默打着褶儿遮住了窗户。他站在床边，向枕头上那个可爱的脑袋俯下身去……一缕黑色的卷发蜷在腮上，衬得脸颊像珍珠一样白，酣睡时嘴还像个孩子似的张着……我的妻子！爱人！你是为了成全我的向往而走向我，来让我幸福的吗？你就是我的幸福，别出声！睡吧！别为了看我抬起你那甜美的、投下纤长阴影的睫毛，这夜晚苍茫又黑暗，就像有时你起身寻找我、询问我时那样。我对神起誓，天知道我有多爱你！我只是有时忘记了自己的感情，因为我遭受的痛苦和我对自己提出的严苛要求时常让我筋疲力尽。我不能完全属于你，不能在你身边忘情欢乐，因为我有我的使命。

他吻了她，把自己从她酣眠时那可爱的温暖中拽出来，环顾四周，转身回去了。他心中的钟声在提醒他，这夜的时光又被他消磨了多少。但同时钟声也善意地指示着一个艰难时刻的结束。他深吸一口气，紧闭着嘴唇，走过去拿起了笔……别再冥思苦想了！他已经想得够深，不能再思索了！不要陷入混乱中，至少不要停滞在那里！反而应该逃出这无尽的混乱，跃入光明中，回到能找到思路、找回结构的地方。不要苦思了，去工作！去定好框架，去排除障碍，去塑造人物，去完成写作……

🖉 创作遇到困难，一度失去信心，但最终作家凭借自己的意志力从痛苦中走出来，继续努力创作。表现了作家顽强不屈的意志。

> 作家写完一部作品，立刻又开始构思新的作品，预示着创作的永不止步。

　　终于写完了，这令他痛苦的作品。虽然它可能算不上佳作，但毕竟写完了。当它成为一个完整的故事的时候，看起来也还不错。而从他的灵魂中，从他内心的韵律和思想中，正在产生新作品的构思，那些意象叮咚作响，闪闪发光，从它们美妙的影子里可以窥见他无尽的奇妙的精神家园，就像拾起一枚贝壳，就能听见大海一样。

阅读小助手

　　小说描写了作家在创作中遇到困难而几乎丧失信心，但在心灵的感召下，又重新振作起来的过程。通过细致深刻的心理描写，刻画了一个意志坚强、思想高尚的伟大灵魂。

　　在生活中，我们会遇到各种各样的困难、阻碍，有时候费尽力气依然难以走出困境，很多人经过百般尝试后，会向眼前的困难低头，变得得过且过，最终一事无成。有的人却能将眼前的困境当作前进的动力，当作必须克服的目标，重新振作起来，坚持不懈，最终获得成功。你想做哪一种人呢？

○ 作家档案

中 文 名：**辛克莱·刘易斯**
外 文 名：Sinclair Lewis
国　　籍：美国
出生日期：1885年2月7日
逝世日期：1951年1月10日

认识作者

　　辛克莱·刘易斯，小说家，生于美国明尼苏达州的一个小镇。他从小被认为是个古怪的孩子，因此在痛苦和孤独中度过了自己的童年。十七岁时，他考上耶鲁大学，后来辗转纽约、巴拿马等地，深刻体会到了社会现实。他持续写作，用手中的笔去揭露和讽刺20世纪早期的美国社会。

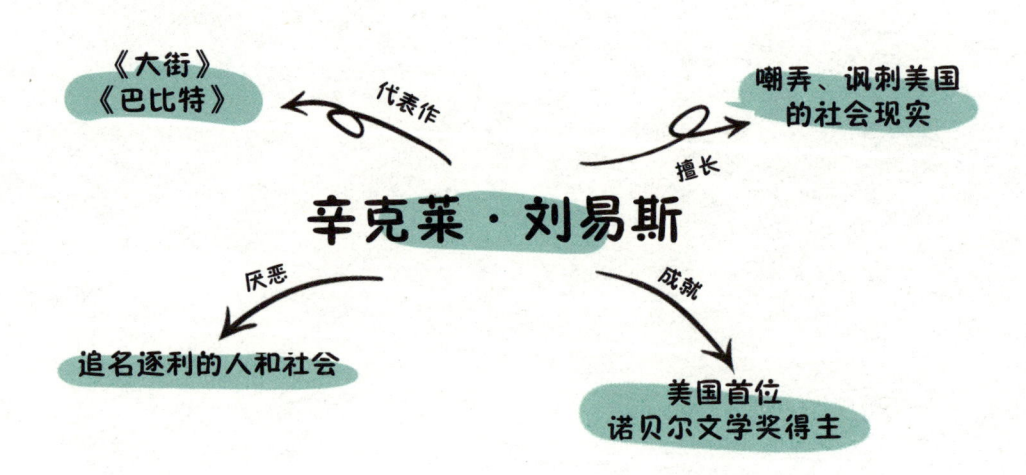

辛克莱·刘易斯

- 代表作 → 《大街》《巴比特》
- 擅长 → 嘲弄、讽刺美国的社会现实
- 厌恶 → 追名逐利的人和社会
- 成就 → 美国首位诺贝尔文学奖得主

1930年诺贝尔文学奖

获奖理由：
　　由于他充沛有力、切身和动人的叙述艺术，以及他以机智幽默去开创新风格的才华。

创作风格

　　辛克莱·刘易斯善于嘲弄"美国生活方式"，总是能用大量的细节和语言描写，去讽刺物欲横流的社会。他总是能选择最富有典型性、概括性的情节，用明快洗练的动作和语言，勾画出人物性格；还会加入很多俚语、口语、俗语，让作品更加真实。他的作品就是二十世纪初期美国社会的镜子，这也使他成为美国新文学的重要人物。

作文素材

　　像尊重自己一样尊重别人，尽我自己一份力量让大家生活得更幸福一些。《巴比特》

　　在这个世界上想有所成就的话，我们需要的是豁达大度，心胸开阔。我一向主张做人要宽宏大量，通情达理。《巴比特》

　　我不赞成干涉别人的事情，也不允许任何人来干涉我的事情。各自生活不相扰，各人管好自己事，这就是我的座右铭。《阿罗史密斯》

诺奖作家给孩子的阅读课·品格修养

阿克赛尔布罗德求学记

李秋宜/译

棉白杨是一种不修边幅且粗俗的树种，它那毛茸茸、乱糟糟的絮毛让我们镇上的草坪灰暗无光，时常引发邻里冲突，但这些都无法阻止它枝繁叶茂，成为人们的避难之所、灵感源泉。阳光在它繁茂的枝叶间闪转腾挪，树上蝗虫留下的斑驳痕迹让这尘土飞扬的夏日午后充满勃勃生机。从村里的麦田，至灌木丛生的平原，在孤零零的山丘和黄石公园之间的这片土地上，只有棉白杨能为挥汗如雨的自耕农们提供一丝阴凉。

在尤拉勒蒙，我们都管克努特·阿克赛尔布罗德叫"老白杨"，但这一称呼跟他的个人品质没多大关系，而与他那幢孤零零的白房子和红色谷仓旁宽广的杨树林有关。克努特在乡村小路的两侧都种上了一排行道树，于是就出现了这样一幅画面：一位谦卑有礼、普普通通的农夫，每日驾着那辆破旧的四轮货车行驶在行道树下，可能在畅想着自己成为那条私人林荫大道的主人。

老克努特六十五岁了，像他亲手种下的棉白杨

📝 运用比喻手法，将克努特比作棉白杨，既点明了人物的性格特点，又与前文对棉白杨的描写相呼应。

142

辛克莱·刘易斯

一样，他的根深深扎进土壤，粗壮的枝干经受过雨打风吹，也经受过八月艳阳的炙烤；树冠绵延至白天广袤的地平线及草原夜晚的无尽黑暗。

这个外来人，甚至在言谈上都活脱脱是个美国人。除了在发"j"和"w"两个音节时仍有口音，他说的就是那种有着浓重鼻音的美国北方佬式的英语。说他比美国人还美国，是因为还在北欧家乡时，克努特就憧憬着来到美国这个光明的国度。他将美国视为正义的温床，视为宽广整齐的城镇和热切交谈的滋生地，虽然这一过程中充斥着梦想的破灭和对现实的厌倦，但他始终保持一颗赤子之心，一心向好。

孩提时，克努特便一直梦想成为一名知名学者，流利掌握多门外语，博古通今，上知天文，下知地理。刚来美国时，他白天在一家锯木厂工作，晚上挑灯夜读。通过学习，他积累了大量的书本知识，足以去社区学校任教两个学期。那时，他只有十八岁，因为对失意的小丽娜·威斯利乌斯抱有深深的同情，克努特决定娶她。毫无疑问，他们那时驾着草原大篷车一路远行，来到新的农场生活，也是实打实快乐过的，但克努特很快便被贫穷和家庭重担淹没，从十八岁到五十八岁，整整四十年，他都忙于孩子们的生计和农场的贷款。

✎ 道出主人公克努特的梦想，为之后重燃梦想，决定去上大学埋下伏笔。

143

📖 指孤孤单单，一个人行走。形容孤独无亲。

✏️ 过去为家庭和生活奔波劳累，富裕之后，他不再被家人需要，这里的"孤独"指的是生活的孤独。

　　但他得满足——总的来说，他是满足的，他为孩子们的成就间接感到满足，对于他自己来说，这些年他也偷来了一些阅读时光，读了大量大部头的晦涩难懂的历史和经济学书籍，那可是踽踽独行的成熟学者才会染指的作品。在农场躬耕之时，他从未失去对陌生城市和神圣象牙塔的渴望。如今他拥有土地，还清了债务，土壤肥沃，粮库充足，农场里还装备了水泥罐、养鸡场和一座新的风车。他生活舒适，有所保障，似乎已经做好了随时死亡的准备。六十三岁那年，他的人生使命都已完成，他不再被需要，变得孤独。

　　妻子离世，儿子们各自天涯，一个在法戈当牙医，另一个在黄金山谷当农场主。克努特将自己的农场过户给了女儿、女婿，女儿、女婿请他以后一起生活，但克努特拒绝了。

　　"不，"克努特是这么说的，"你们必须学会靠自己活下去，我并不是把农场送给你们，你们每年要付我四百美元租金，我会靠租金生活，并且在山坡上看着你们。"

　　在那片他最钟爱的孤独的杨树林旁的山坡上，克努特用沥青纸搭建了一间棚屋，在那里过起了"光棍儿生活"，独自做饭，独自铺床，有时坐在阳光下，大量阅读从尤拉勒蒙图书馆借来的书，他

辛克莱·刘易斯

开始感觉到自己终于从多年禁锢他的人生枷锁中获得了解放。

  他一般坐在棚屋前的一张厨房里用的无靠背椅上，一坐就是几个小时。这个宽肩膀的老人，胡子花白，一动不动，就像一位预言家，虽然他穿着怪诞宽松的裤子和无领的衬衫。他的目光越过数英里长的麦茬，望向杰克拉比特·福克斯教堂的尖顶，沉思着生命的意义。起初他无法打破僵化的习惯，每天五点钟起床，打扫他的小屋，去园子里耕作，十二点吃饭，傍晚时分睡觉。但渐渐地，克努特发现，他不需要被规则裹挟，不会因不守规矩而被逮捕。他开始睡到七八点再起床，还养了一只大体格的玳瑁猫，和它玩游戏，允许它舔洒在桌子上的牛奶，给它取名为"公主"，并向它吐露心事，说自己有一个"不可告人的想法"：认真工作的人是天底下最傻的傻瓜。克努特连外套都不穿，高大的躯干上只套了件松垮的沾着污渍的背心，简陋的床铺凌乱不堪，松木餐桌上摊着沾了食物残渣的报纸，他的内心充斥着对青春的热切向往和对古老文明的深情期盼。他开始在夜里长时间地外出散步。在过去的生活中，黑夜从来都是在密闭的房间里沉沉睡去。如今，他才发现了黑暗的神秘：他看到了月光下的草原寂寥无边，薄雾朦胧，听到了青草、棉白

从禁锢人生的枷锁中获得解放，曾经埋藏多年的梦想开始重燃。

变僵硬；停止发展。

既体现了克努特生活的自在，也为后文他上大学后怀念家乡做了铺垫。

145

杨和昏昏欲睡的鸟儿的声音。他走了数英里，靴子被露水浸湿了，也没有在意。他在山丘上驻足，羞怯地张开双臂，站在那里感受着这片赤诚、沉静的土地。

每次外出，他都试图保密，但世上哪有不透风的墙。街坊四邻、体面人士，可没有半夜走在露水里的想法。当他们从镇上晚归，喝得醉醺醺的，狠狠抽着自己的马，从疾驰的马车里乱扔威士忌酒瓶时，他们看到了克努特，于是便疯传老白杨"自从把农场给了女婿、彻底退休以后，就变得行为古怪，举止异常。我曾看到那个老家伙半夜在附近晃荡，有这工夫我早就赶紧睡觉了，谁会大半夜出现在街上"。

从托德中心到塞林加帕坦的所有农村社区，都对与日常行为标准格格不入的人嗤之以鼻，并对一切疯狂的迹象有着病态的痴迷。村民们开始监视着克努特·阿克塞尔布罗德的一举一动，碰到他时指指点点，路过时盯着他的小屋。克努特敏感地察觉到了，对于那些爱打听事的泛泛之交，他变得粗暴无礼。毫无疑问，这应该就是他开始伟大历程的起点。

作为他无拘无束的新生活的一部分，有一次克努特突然对"公主"咆哮："呸！今晚不刷牙了，

📖 一般的交情，指普通朋友。

✏️ 预示着克努特的生活将要发生改变。

这辈子都刷牙刷牙刷牙，我早就想这么放纵一次了！"在降低自己学术品位的过程中，克努特也大呼过瘾，他任性地放弃读完《征服墨西哥》，转而开始阅读从尤拉勒蒙图书馆借来的那些轻小说。借此，他重新认识了这个他一生都梦寐以求的国度，这个舞蹈和美酒的国度。他确实也会读一些经济学、历史类作品，但每天晚上躺在水牛角椅上，双脚搭在小床上，把"公主"抱上大腿时，他还是更喜欢遨游在曾达或翠尔比的世界中。

阿尔托创作的戏剧。

在读过的作品中，他偶然发现了一个关于耶鲁大学的励志故事。在这个故事中，一个值得尊敬的年轻人在大学"走出了自己的人生之路"，给教职员工留下深刻印象，最终进入"美国大学优等生荣誉学会"，并在老校园的草坪上进行了最令人愉快却充满道义的对话。

这篇故事让克努特久久不能忘怀。一天，凌晨三点左右，六十四岁的克努特·阿克赛尔布罗德，决定去上大学。这可是他毕生的梦想，为什么不去试试呢？

既说明故事对克努特影响巨大，又说明克努特下定决心自己也去读大学。

但醒来后的克努特并不像昏昏欲睡时那般坚定。他觉得自己异常可笑，一个行将就木的老头子在一群四肢矫健的年轻人中间，就像银色的桦树林里突然长出一棵土灰色的棉白杨一样格格不入。但几个月来，他辗转反侧，不断斟酌着这个去艺术圣殿朝圣的想法，因为他真的相信，大学就是他梦想中的地方。克努特坚信，除了那些游手好闲的纨绔子弟，所有大学生都渴望学到知识。他将哈佛、耶鲁和普林斯顿大学描绘成古代城邦，那里建有大理石庙宇，在庙宇前的空地上，一大群希腊青年友好地就天文、良好的政府管理展开讨论。在他想象的画面中，这些青年绝不逃课，废寝忘食。

怀着对音乐、书籍的渴望和一颗赤子之心，这位厚脸皮的农民将身心投入到对美的追求中，再也不去理会无法抵抗的时间洪流。他委托别人要来大学目录和课本，开始孜孜不倦地为上大学做准备。

> 指纯洁无瑕的心灵。

克努特觉得拉丁语的不规则动词和代数的异想天开深奥且复杂，这些内容与他所经历的现实生活毫无关联，但他还是掌握了它们。他每天学习十二个小时，就像他曾经在干草地里每天奔忙十八个小时一样。历史和英语语言文学对克努特来说则相对容易一些，因为这些内容很多他都已经通过平时读书知晓了。他从德国邻居那里学了很多低地德语的知识，德语科目也就不在话下了。四十五年前，农村学校教给他的学习窍门，开始悄然回归。

> 多年后重新拾起课本，对一个年近古稀的老人来说绝非易事，但他凭借惊人的毅力还是坚持了下来。

他开始相信自己真的可以考上大学。他不断给自己打气：在大学里，那些尊贵而具有同理心的教授会帮助他，他再也不必为信息检索和考学压力而感到困惑不解、压力倍增了。

但学习内容的不切实际让克努特醒悟了，他厌倦了这场新的游戏。之所以还在坚持，主要是因为他穷尽一生都在做苦力，那让他感到索然无味。时间来到他下定决心后的第二年秋天，克努特再也不觉得自己能上大学了。

> 形容枯燥，一点兴趣和意味也没有。

此后，一个忙忙碌碌的杂货商在尤拉勒蒙街头拦住了他，询问他的学习情况，这倒让那群总是在旅馆拐角处闲逛的看热闹的人乐开了花。

克努特沉默了，但内心怒火中烧。他及时回想起有一次自己愤怒地对一个雇工动了手，不知怎的，那人的锁骨就断了。于是他转身走回家了，这七英里的路途，仍然无法熄灭他心中的怒火。他抱起"公主"，听它在肩头喵喵叫着，拖着沉重的脚步，出门欣赏日落去了。

在一片芦苇丛生的沼泽前他停下脚步，盯着一只来回跳动的啄木鸟出神，突然哭出声："我要去上大学，下个星期开学，我想我能通过考试。"

两天后，他把"公主"和家具都送到了女婿家里，买了一顶新的宽边软帽、一个赛璐珞衣领和一套庄严的黑色西装，在一个星光灿烂的夜晚，他诚心向上帝祈祷，然后坐上开往明尼阿波利斯的列车，踏上前往纽黑文的征程。

当凝视车窗外时，克努特警告自己，那些富翁的儿子会取笑他，也许还会戏弄他。他告诫自己，要避开这些恶魔之子，并忠于自己的同路人，也就是那些"走出了自己人生之路"的人。

在芝加哥，行色匆匆的人群给他的视网膜带来巨大的冲击，一辆辆横冲直撞的汽车让他感到害怕。克努特祈祷着，跑上了开往纽约的列车，终于，纽黑文到了。

没有无端的粗鲁嘲笑，只有充满礼貌的探寻表情，耶鲁大学接受了他的申请，让他参加了入学考试。考场上，克努特洋洋洒洒，最终勉强通过考试，学校还给他分配了一个室友。室友名叫雷·格里布尔，他额头宽宽的，像一只柔软的大白虫子。他此前一直在新英格兰的学校教书，想读大学是为了以后教书能挣得更多。雷·格里布尔是个投机主义者，他一入校就立刻找了工作，给一个钢铁工人愚笨的儿子辅导功课，并在理事会餐厅当招待。

雷是克努特在这里最熟悉的人，于是克努特试图蒙蔽自己，让自己喜欢这条白虫子，但克努特实在无法忍受他那湿漉漉的手玷污自己的灵魂。他用年轻人专业的规劝技巧窥探克努特的求学动机。当他发现克努特对文学有着隐隐的探究欲望时，他

> 形容说话、写文章内容多而流畅。

辛克莱·刘易斯

大为吃惊地说："太让人震惊了，你都一把年纪了，还是多考虑考虑拯救自己的灵魂，而不是关注这些虚张声势的东西吧。这些诗和内容，就留给那些外国人和艺术家吧，你去学拉丁语、数学和《圣经》，我告诉你，我在学校教过书，我有经验。"

和雷·格里布尔在一起，克努特过着邋里邋遢的生活，靠着破损的被褥、难闻的台灯、字典和对数表艰难度日，壁炉旁的闲暇时光不属于他们。两人的房间在西神学院，那里聚集了神学院的学生、少数法律专业的学生、一两个异想天开的天才，还有一大群未被安排的大一新生和"可有可无的老人"。

克努特非常失望，但他还是坚持住在这里，因为外面的世界让他感到害怕。他是一个怪诞的人，他自己也知道这一点——一个高大秃顶的白人老头挤在教室的一个小座位上，听着比自己儿子还年轻的教授讲课。有一次，他也试图加入年轻人，坐在学院的围墙上，从此除了"敲钟人"，再没有人去围墙上坐着了。在看到他试图让自己显得年轻、有活力后，两个上流社会男性发出了窃笑，之后他便偷偷溜走了。

他开始讨厌雷·格里布尔和那些同处班级最底层的喋喋不休的同伴。墨守成规确实比质疑最

✎ 和前文中克努特为自己的年龄而担心相呼应。

📖 形容唠唠叨叨，说个没完。

151

好的民主传统更安全。那些"走出了自己的人生之路"的大学生确实比那些在炉火旁闲聊的软弱者更坚强勇敢、更易获成功。每一所大学都有这样的故事。但克努特发现，在餐厅做招待并不比踢足球和闲逛更能让男孩充满英雄气概。很多"走出了自己的人生之路"的男孩，是乐观无畏的好孩子，能够与上流社会的同学正常交谈、不奉承；不过，也有许多人装出一副卑微而体面的样子，因为这是最能给他们带来便利的姿态。他们跟风讨论鸡毛蒜皮的小事，对做家教时辅导过的同学极尽谄媚，在学院奖学金委员会面前忸怩作态，在德怀特大厅的祈祷会上虔诚谦卑，以便给那些严肃的高层人士留下深刻印象。他们在杰克酒吧只喝一杯啤酒，以表明毫无冒犯之意的谦恭。为报复自己辅导那些傲慢无礼的运动员时的卑躬屈膝，他们会在安全绝对有保障的前提下，喋喋不休地抱怨"如今的大学缺乏民主"。除此之外，他们不会轻率地做其他什么事情。这些人缺乏真正反叛的灵魂，克努特听了他们的谈话，惊叹不已。这听起来，完全就像收获季节时，年轻的雇工躲在谷仓后面说的话。

这位班级最底层人士，对这些班级闲散人士的憎恨，甚至超过了这些人对血统的憎恨。他们经常理所应当地在吉尔伯特·沃什伯恩身上发泄怒气，

> 形容谄媚奉承，没有骨气。

辛克莱·刘易斯

这个富有的审美主义者比任何一个大一新生都更举止文明。他们讨论严肃和勤勉，直到克努特——他曾一度想要与沃什伯恩这样的男孩做朋友——为自己是个行为乖张、不知廉耻的老头所不齿。

尽管他谦虚地追寻，但仍然一无所得，既得不到鼓舞，也收获不到友谊。克努特成了班上的怪胎，除对他的底层身份避之不及外，同学们还唯恐被人看到和克努特在一起，而被视为异类。

他仍然很强壮，一下子就能将一桶猪肉提到腿上，所以他试图在运动员中寻找友谊。他坐在耶鲁校园球场边，观看橄榄球选拔赛，并试图与参赛人员攀谈。可是那些运动员只是盯着他，勉为其难地回答他的问题——这些四肢发达的年轻人以率直的方式，显示出他们将克努特视为疯子。

初到这里时的魔法迷雾逐渐散开。地球就是地球，无论是在卡米洛、在尤拉勒蒙，还是在耶鲁校园——甚至可能是在哈佛校园，都一样！大学里的这些建筑物不再是克努特的神庙，它们只是一栋栋砖石建筑，挤满了年轻人——他们懒洋洋地坐在窗前，像看笑话一样地看着他悻悻离去。

在宽阔的食堂大厅里吃饭，成为克努特每日三次苦恼的来源，因为与他同桌就餐的两个年轻人，有着异于常人的敏锐观察力，他们发现克努特蓄了

✏️ 一个老人在充满青春活力的校园里，得不到友谊，没有人想跟他接触。

胡子，于是全世界都知道了这件事。其中一个名叫艾奇逊的，出身上流，勤奋刻苦，潜心学术，在数学和礼仪领域能说会道，鄙视克努特上大学没有明确的目标。另一个是个花花公子，聪明绝顶，也是街道上有名的小偷，上不了台面的笑话张口就来，他一天三次提到克努特的胡子，桌子上的人都笑得东倒西歪。这群出身高贵的年轻人最终迫使这位失意蹒跚的老头远离食堂，从此以后，克努特只在黑猫午餐柜台吃饭。

没有友谊的刺激，克努特很难保持学习劲头，完成冗长的作业。他在自己的棚屋里一周读完的书，在这里成了一天就要完成的任务。但如果能找到一个和自己一样"年轻"的人，克努特应该不会介意这份辛苦。他身边的人都是如此的"苍老"，他们忙于挣钱，他们热衷于体育运动的苦力，他们总在为工作担忧。

然而，在某个又是四处碰壁的一天，克努特确实遇到了一个"年轻"人。

这位教授是整个学院的偶像，听说他在讲授英国女诗人布朗宁作品的课上痛斥了两个汲汲营营的小伙子，坚持要他们去读《爱丽丝梦游仙境》。克努特满身灰尘地在一家二手书店里苦苦寻找，直到找到一本"爱丽丝"。他把书买回了家，午餐时边

> 比喻遇到严重阻碍或受到拒绝，事情行不通。

吃热狗三明治边读。书中怪诞荒谬的情节深深吸引了他，当他正咯咯笑时，雷·格里布尔走进房间，瞥了一眼这位朗读者。

"哈！"格里布尔说。

"这本书不错，很有意思。"克努特说。

"哈哈，《爱丽丝梦游仙境》！我听说过。一派胡言。你为什么不读一些真正的好作品，比如莎士比亚，或者《失乐园》？"

"好吧——"克努特只能回答这两个字。

雷·格里布尔总是盯着他，他无法再继续翻看这本书大笑了。克努特不明白自己是否真的不应该读米尔顿那些华而不实的人类学迷思。他郁郁寡欢，出门去上早课，这堂历史课由布莱文斯博士任教。

克努特很钦佩布莱文斯博士，他是个矮胖子，戴着眼镜，总是能做出正确判断。但是布莱文斯博士的大多数学生都对他不感冒，说他是个"怪胎"，在他课堂上读报，偷摸打闹。

在这间整洁的、墙上抹了灰泥的教室里，克努特将胳膊沉重地搁在椅子宽大的写字板上，他试图不错过布莱文斯博士的任何一个讽刺性证据，证明地米斯托克利二婚的确切日期，比那个文盲帕多瓦的弗鲁塔里说的日期晚两年零七天。克努特欣赏年

闷闷不乐，难得有高兴的时候。

既说明学生的顽劣，又说明大学氛围的污浊不堪。

155

轻的布莱文斯的业务能力，他觉得自己在对待这些艰难但不荒谬的事实时是高尚的。

克努特意识到有几个不着调的年轻人就在他身后打牌，他在草原上练就的顺风耳能够听到低声的"两个二""你那两张收起来"。他转过身，对这些影响教学的人皱起眉头。当他转回身后，他意识到那些冒犯者还在咯咯地笑，继续打着牌。克努特看到布莱文斯博士察觉到事情不对劲，他皱着眉头，但什么也没说。克努特坐在那里沉思起来，他发现布莱文斯博士只是个小伙子，他为此感到难过，他要帮帮这个小伙子。

下课后，他在布莱文斯的讲台旁徘徊，直到其他学生都陆续离开，才低声说道：

"教授，你是位好人，我想为你做点什么，如果这些小子做了什么不符合常理的事，你只管告诉我，我去教训他们。"

而布莱文斯博士却以一种文明但令人生厌的语气回答道：

"非常感谢你，阿克赛尔布罗德，但我认为没这个必要。我应该是一名相当出色的课堂纪律管理者。祝你愉快！哦，稍等，有件事我一直想跟你说。当我点你名回答问题时，希望你不要那么拼命地炫耀，你的回答冗长，你的笑容让我感觉我的头

> 再一次说明克努特想象中的大学和起初的大学不一样。

上顶着笑话。当然了，私下里，我很愿意你把我当作一个幽默的人，但课堂上还是有一些传统惯例应该遵守的，你知道吧，一些惯例。"

"什么，教授？"克努特崩溃了，"我从来没取笑过你！我都没意识到自己在笑，如果真的是这样，我想这只是因为我在为自己这愚笨的脑袋竟然能理解这堂课的精髓而感到高兴。"

"好吧，好吧，这确实令人高兴，我确信。但是如果你能稍微谨慎一点儿——"

布莱文斯博士对老克努特和他说"只是"这个词的方式感到好笑，他挤出一个僵硬的露齿笑，就小跑去研究生俱乐部了。克努特坐在空荡荡的教室里，心灰意冷，他真的是个老古董了，与这里格格不入。晚秋的阳光透过窗户照进教室，校园里充斥着男孩们清脆爽朗的喊声。但是这个热爱秋天的人捋了捋他宽松的袖子，盯着黑板出神，仿佛看到了他那远方的棚屋周围只留下十月份收割完成后的麦茬。当他想象着整个学院都在看着他，都在偷偷地取笑他和他的笑容时，他感到头晕目眩，羞愧难当，直至怒火中烧。他感到孤独，想他的猫，想那把水牛角制成的精致椅子，想那棚屋阳光明媚的台阶以及那片善解人意的土地。他出来上大学，已经一个月了。

> 克努特难以融入同学之中，还成为大家嘲讽的对象，他没有朋友，不被人理解。这里的"孤独"指的是精神上的孤独。

辛克莱·刘易斯

> 逃离大学校园中压抑的氛围，克努特才能重新感受到轻松自由。

离开教室前，克努特走到讲桌后，脑海中浮现出想象中的课堂。

"如果我能早点来上大学的话，可能我会作为教授站在这里。"克努特轻声地自言自语。

街道上秋天的气息让克努特平静下来，他走过惠特尼大道，走向东岩山孤立的小山丘上。他看到日光温柔地打在绝壁的岩石上，听到树叶发出的优美的音乐，呼吸着孕育出旧新英格兰传说的空气。他兴高采烈地说："只要我能——只要我能写诗，那现在我应该会作诗一首！"

他爬上东岩的山顶，从那里可以看到耶鲁大学的建筑，就像牛津的塔楼一样，还可以看到长岛海峡，以及长岛在水面上的白色光影。他惊讶地发现，自己这位来自棉白杨乡村的阿克赛尔布罗德，竟然正站在大西洋的臂弯中遥望纽约州。当他注意到一个大一新生坐在岩石边缘的长凳上时，他又烦恼不已，那是吉尔伯特·沃什伯恩，那个人们口中的势利小人、业余文学爱好者，雷·格里布尔曾经说过："那家伙是这个班级的耻辱，他从不出门，从不登高，从不去德怀特大厅，什么都不做。他还自以为是，觉得自己比全班其他人都优秀，也从不和任何人来往。听说他自诩是个文学爱好者，我看他连'文学'的边儿都达不到，我可没时间搭理那种游手好闲的势利小人。"

克努特一直盯着他，可是吉尔并未察觉，在天空的映衬下他的侧影十分完美。吉尔热心公益，对不道德的行为厌恶至极。虽然吉尔穿着讲究，但他似乎有种郁郁寡欢的不满足。

"他需要去和大家伙一起在打谷场上干活，然后在干草堆里睡一觉，"克努特用几乎和吉布里尔一样的口吻喃喃地说，"这样他才知道自己到底多幸福，而不是像现在这样好像耳朵聋了一般，呸！"这时，吉尔伯特·沃什伯恩站起身，朝克努特走来，瞥了他一眼，在克努特的长凳上坐了下来。

"景色很美！"他说着，笑容热切。

对克努特来说，这个笑容象征着他来上大学想要寻找的所有生活艺术。他以一种滑稽的慌张神态从他那以道德模范自居的态度中挣脱出来，饱经风霜的脸上每一条皱纹都深深皱起，回答说：

"是的，我想雅典卫城一定像这样。"

"喂，听我说，阿克赛尔布罗德，我刚才就一直在想你。"

"是吗？"

"我们应该互相认识，我们俩都是这个班的笑话。我们来耶鲁，是为了梦想，而那些忙碌的小

形容经历过长期艰难困苦生活的磨炼。

羊，像艾奇逊和吉布利特们——好吧，不管你室友的名字是什么——他们都认为我们是傻瓜，竟然不是为了成绩才来上学的。你可能不同意我的看法，但我一直认为，我们是同类。"

"你怎么知道我是来追求梦想的？"克努特汗毛都竖了起来。

"哦，之前在食堂大厅，我常常坐在你旁边，每当艾奇逊忙着讨论那个老掉牙的话题——来上大学的原因时，我总听到你试图制止那家伙！我想知道该隐和亚伯是否在伊甸农学院里讨论过这个问题。你知道，亚伯是强势的分数掠夺者，非常尽责，且志向高远，而该隐则想要读诗。"

"是的，"克努特说，"我猜亚当先贤会说：'该隐，你不要读这首诗了，它对你的代数没有帮助。'"

"没错，喂，你想不想看看这本缪塞的书，我今天带过来读的时候很伤感。这是我去年出国的时候碰到的。"

吉尔从口袋里掏出一本克努特从未见过的书，薄薄的一本，上面写着一种陌生的语言，用黎凡特皮革手工装订而成，带着些秀气的小装饰，一副脆弱易碎的样子。这本书让克努特这个从草原来的农民激动不已，他大口喘息着，内心产生一种奢侈的

📖 《圣经》中的人物，据说他是世上第一个人类和第一个男人。

📖 法国浪漫主义诗人、小说家、剧作家。主要作品有"四夜组诗"，长诗《罗拉》，诗剧《杯与嘴唇》等。

✏️ 表现出这本小书非常精致。

快乐。这本书被他的大手完全盖住，几乎看不到，他用食指胆怯地抚摸着黎凡特皮革，翻动着书页。

"我看不懂，但它就是我一直所想的这个世界上应该有的那种书。"他叹了口气。

"听我说，"吉尔叫道，"伊萨耶今晚在哈特福德演出，我们去听他的演奏会吧，可以坐电车过去。我曾试着找些同伴一起，但他们认为我是个疯子。"

伊萨耶是什么，克努特·阿克赛尔布罗德听都没听过，但是他用低沉的声音回答："当然了！"

他们到达哈特福德时，却发现两人身上的钱只够吃顿晚饭。他们只好买旁听席的座位听伊萨耶的演奏会，然后坐返程车到梅里登。到达梅里登时，吉尔建议道：

"那我们走回纽黑文吧，你可以吗？"

克努特并不知道回到学校究竟要走四英里还是四十英里，但他还是不假思索地说："当然了！"在过去的几个月里，他一直注意着，尽管自己是个大块头，但还是得小心些，不过今晚他觉得自己可以飞起来。

> 不用思考就作出反应。形容言行敏捷。

伊萨耶是他听过的第一位真正的音乐家，在伊萨耶的作品中，克努特感受到了他在慢慢阅读威廉·莫里斯和"国王叙事诗"时所感受到的令人难以置信的东西。他看到了高大的骑士，穿着白色锦缎的苗条的公主，掩藏在薄雾中的废弃城镇的城门，以及前所未有的骑士精神的荣光。

他们真的走了回去，在十月的月光下高呼，时不时停下来偷树上的苹果，在月光倾泻的小山上大喊大叫，带着一种天真而自然的快乐追逐一条亵渎神灵的流浪狗。大部分时间里，都是吉尔在说，克努特在听。克努特被那些关于拓荒时代、暴风雪、丰收，还有麦田第一绺绿意的故事所吸引。两人还提到了班上的艾奇逊和格里布尔们，他们都还带着年轻人特有的尖酸刻薄、目空一切。但克努特和吉尔并没有愤愤不平太久，因为今晚是他们的返祖时刻。今晚，他们是流浪的吟游诗人——吟游诗人吉尔伯特和他的骑士。

凌晨五点左右，两人回到学校，克努特想找个词来表达自己的感受，然后结结巴巴地说：

"到了，太好了，我现在得上床睡觉，然后梦见——"

"睡觉？真是瞎说！当聚会进行得很热烈时，不要轻易结束，因为好的聚会实在太少了。再说了，这才是夜晚的开始。而且，我们也都饿了。除此之外——哦，除此之外！在这里等一下，我回房间拿钱，然后我们去吃点儿东西。等等我，请等我

> 一段表现自由自在的情境描写，展现出两个人找到"同类人"后的欢喜。

一下！"

等上一整晚，克努特也可以。他已经活了将近七十年，旅行了一千五百英里，忍受着雷·格里布尔，才遇到吉尔伯特·沃什伯恩。

警察们惊奇地看到一个戴着赛璐珞衣领的老人和一个看起来很贵气的年轻男孩，挎着胳膊走在查普尔大街上，寻找着一家适合诗人就餐的餐馆。但餐馆都还关着门。

"贫民区的人们现在应该醒了，"吉尔说，"我们可以去买些吃的，带到我房间，我那里有一些茶。"

在黑暗的街道上，克努特神情自然地与吉尔并肩走着，好像他一直就是一个夜间活动者，对床铺这种乡巴佬的东西极为厌恶。在奥克大街上，到处都是低矮商铺、烟雾缭绕的灯光以及昏暗的胡同巷口。贫民区的人们已经醒了。吉尔设法买了盒装饼干、奶油干酪、鸡肉卷和一瓶奶油。在他讨价还价的时候，克努特凝视着外面的街道，看到街道被摇曳的灯光和即将到来的清晨的第一缕微光照亮；看到犹太洁食标志；看到有着俄文字母、包着头巾的女人和留着大胡子的犹太拉比的广告。他看着，心里感到一种永远不会失去的满足——今晚，他可是"出国"了。

> 拉比是犹太人中的一个特别阶层，既是老师，也是智者的象征。

吉尔伯特·沃什伯恩的房间里，全是克努特想要的那种毫无用处却令人愉快的东西。那里承载的，更多的是吉尔在巴黎的日子，而不是他的大一生涯：波斯地毯、银制茶具、蚀刻版画和书籍。住在沥青纸糊成的棚屋和满是猪圈的农场里的克努特·阿克赛尔布罗德心满意足地看着这一切。吉尔在一旁生火，胡子拉碴的克努特，将自己陷在舒适的椅子里，亲切地咯咯笑着。

晚饭时，他们谈到了伟人和英雄理想。这是一次愉快的谈话，其中不乏对格里布尔、艾奇逊和布莱文斯等人生动的调侃，他们估计正在自己的床上沉沉睡着。吉尔读了史蒂文森和阿纳托利·弗朗斯的一些作品片段，最后，他还读了自己的诗。

> 年轻人对克努特敞开了自己的心扉，代表着他们的友谊越来越深厚。

这首诗是好是坏并不重要。对克努特来说，能遇到一个真正写诗的人真是奇迹。

他们交谈的速度越来越慢，他们都开始打起哈欠。克努特敏锐地发现这场晚秋的疯狂已进入尾声，于是急忙起身告辞。说再见的时候，克努特觉得他只需要睡一会儿，便可以再次回到这个永无止境的浪漫之夜。

但他还是走出了这间宿舍。已是早上六点半，一缕刺眼的日光静静地打在红色的砖墙上。

"我现在可以经常出入他的房间了，我找到了

辛克莱·刘易斯

朋友。"克努特说道,手里紧紧握着吉尔求他收下的那本缪塞的书。

抬脚向西神学院走了几步后,克努特这才觉得很疲惫。在白天里,这场冒险似乎越来越令人难以置信。

回到宿舍,他重重地叹了口气:"老头和青年,我想他们无法一直混在一起。"克努特边上楼梯边说,"如果再见到那个男孩,他就会厌倦我的,我已经把我能说的都告诉他了。"克努特打开房间门,又说:"这就是我来上大学的目的——就是这一晚而已。我最好在没把它破坏掉之前离开。"

他给吉尔写了一张便条,然后开始打包行李。克努特甚至没有叫醒雷·格里布尔,他还在污浊的空气中酣睡着。

那天下午五点,在一列西行火车的普通车厢里,一位老人微笑着坐在那里,眼神中洋溢着长久的满足,手中拿着一本法语小书。

✏️ "污浊",既指寝室中的空气不清新,也暗指大学中学习氛围的不纯粹。

165

阅读小助手

　　这篇小说主要讲述的是年近古稀的克努特·阿克赛尔布罗德从小就梦想着成为知名学者，但因贫穷和家庭重担，被迫放弃梦想，忙于生计，终于在六十三岁时，完成人生使命。得到空闲的克努特感到孤独，内心的梦想重新点燃。他下定决心去上大学，可在汲汲营营的大学里却找不到一个同道中人，他甚至遭到同学们的鄙视和疏远。偶然一次，他认识了同样被同学们排斥的年轻人吉尔，两人展开了愉快的交谈，并在大晚上结伴去听演奏会。克努特自知一老一少的友谊难以长久，认为自己前来上大学的目的已经实现，为了不破坏这段来之不易的友谊，第二天他便离开了大学。

　　这世上没有两片完全相同的叶子。每个人的梦想不同，价值观不同，追求不同。每个人的父母、家庭不同，成长经历也不同。因为这些种种不同，想要别人完全理解你难之又难。在与别人的相处中，因为这些不理解，难免会产生一些矛盾。你要明白，这些矛盾，不是因为你不够好，而只是因为你们不一样。